탐닉의
설계자들

나도 모르게 빠져드는
직감·놀람·이야기의 기술

탐닉의
설계자들

다마키 신이치로 지음
안선주 옮김

닌텐도 기획자의 발상법

사람을 움직이는
'직감', '놀람', '이야기'의 구조

1장. 직감 디자인:
왜 나도 모르게 '하게' 되는 걸까?

2장. 놀람 디자인:
왜 나도 모르게 '푹 빠지게' 되는 걸까?

3장. 이야기 디자인:
왜 나도 모르게 '말하고 싶어지는' 걸까?

4장. 체험 디자인:
마음을 움직이는 '체험 디자인'

부록. 실천편:
살아가며 체험을 만드는 방법

밤길을 혼자 걷다 문득 도깨비가 생각난 적 있는가? 만일 정말
로 도깨비가 나타난다면 도와달라고 소리쳐야 할까? 신고해야
할까? 맞서 싸워야 할까? 생각만으로도 혼란스러운 마음은 몸
에도 영향을 미쳐, 식은땀이 흐르고 심장을 미친 듯이 뛰게 만
든다. 게임을 할 때도 비슷한 일이 일어난다. 어차피 게임은 허
구이고 게임의 주인공이 아무리 위기에 처해 있다 해도 현실의
삶에는 아무런 영향이 없는데도 말이다. 분명 게임은 우리의 마
음을 움직인다. 게임하는 우리는 긴장하고, 흥분하고, 때로는
억울해하고 즐겁기도 하다.

밤길에 갑자기 나타난 도깨비와 게임의 공통점은 우리의
마음을 움직여 강렬한 체험을 선사한다는 것이다. 이처럼 아주

쉽게 누군가의 마음을 움직일 수 있다면 좋을 텐데 하는 생각이 들지 않는가? 아무리 말해도 아이가 정리정돈을 하지 않는 이유는 무엇일까? 어째서 말을 듣지 않는 걸까? 대화할 때도 그렇다. 상대방에게 아무리 열심히 이야기해도 가장 중요한 메시지는 잘 전달되지 않는다. 어째서 내 말을 이해하지 못하는 걸까? 비즈니스 현장도 마찬가지다. 열심히 기획하고 개발한 상품과 서비스는 아무리 쓸모 있고 편리한 것일지라도 잘 팔리지 않는다. 어째서 이런 좋은 물건이 팔리지 않는 걸까?

누군가의 마음을 움직이고 싶고, 상대방이 나를 이해해줬으면 하고, 사람들이 원하는 대로 행동해주었으면 하는 당신의 바람에 답하고자 이 책을 썼다. 아니, 솔직히 말하면 나 스스로가 그것을 간절히 원했기 때문이다. 어떻게 하면 사람의 마음을 움직이는 체험을 만들어낼 수 있는지, 그것이 너무나 알고 싶다. 틀림없이 당신도 같은 마음일 것이라 생각한다.

'청소해!'라는 말을 듣고 정말 청소해야겠다고 마음먹는 사람은 거의 없을 것이다. 그렇다면 어떻게 해야 상대방이 진심으로 청소하고 싶다고 생각하게끔 할 수 있을까? 이런 것들에 대해 함께 생각해보려고 한다. 결론을 먼저 말하자면 누구라도, 당신 역시도 사람의 마음을 움직이는 체험을 만들어낼 수 있다는 것이다.

소개가 늦었다. 나는 '닌텐도'에서 게임기 기획을 담당했고, 가장 깊이 관여한 상품은 게임기 '위Wii'다. 위는 전 세계에 1억 대가 팔린 히트 상품이 되었지만 위 자체는 사실 재밌는 장치가 아니다. 게임기는 어디까지나 이용자들이 게임을 재미있게 체험하게끔 해주기 위한 도구다. 당시 나는 '게임은 어떻게 사람들의 마음을 움직이는가'에 대한 논의와 분석, 연구를 거듭하여 상품 기획에 활용하였다.

내가 가진 유일한 무기는 경험을 통해 배우고 실천해온 '마음을 움직이는 체험을 만드는 방법'이다. 이제 사람들은 더 이상 상품의 기능과 성능만으로 상품을 구매하지 않는다. 사람들은 마음을 움직이는 체험을 제공해주는 상품과 서비스를 원한다. 때문에 우리는 항상 사람들의 마음을 움직이고 싶어 한다. 그것이 바로 이 책의 핵심이다. 이 책에서는 마음을 움직이는 체험을 만드는 방법을 '체험 디자인'이라고 지칭하고, 비즈니스와 실생활에서도 응용할 수 있는 3가지 형태로 정리하였다.

상품이나 서비스가 사용자에게 제공하는 체험을 비즈니스 세계에서는 UXUser eXperience라고 한다. 이는 기획이나 디자인뿐만 아니라, 경영에도 중요한 개념으로 확대되고 있다. 그리고 디자인에는 크게 2가지 의미가 있는데, 물건의 형태를 만드는 것(협의)과 상품을 계획·기획하는 것(광의)이다. 이 책의 디자인은 넓은 의미를 가리킨다. 체험 디자인이 무엇인지 아직 감이 잡히지 않는 사람도 있을 것이다. 애초에 '체험' 자체가 추상적이지 않은가. 그런 의미에서 그림을 하나 준비했다. 아래 그림을 그냥 5초 동안 바라보기만 하면 된다.

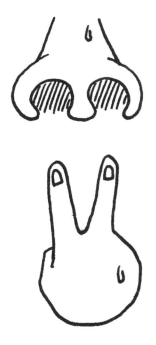

위 그림의 출처는 게임이다. '메이드 인 와리오(닌텐도, 2003)'의 인기 미니게임 '넣어라!'에서 찾아온 것이다. 그런데 어째서일까, 그냥 그림을 보고만 있었는데도 마음이 제멋대로 움직이더니 묘하게 콧구멍 주변이 신경 쓰이지 않았는가? 이런 마음의 움직임이 바로 체험의 본질이다. 체험이라는 단어에는 '몸 체(體)'라는 한자가 들어 있지만 정작 몸은 체험과 전혀 상관이 없다. 마음만 움직일 수 있다면 그것이 곧 체험이다.

그렇다면 역사에 남은 명작 게임들은 플레이어의 마음을 어떻게 움직였을까? 이 책은 실제 게임들을 분석하면서 체험 디자인의 본질에 다가가고자 한다. 다만 이 책에서 다루는 게임에 대한 분석과 논의 내용은 게임회사의 공식 견해가 아닌 필자의 독자적 견해라는 점에 유의해주길 바란다. 게임은 어째서 재미있을까? 그 수수께끼를 풀기 위한 만만치 않은 여행을 함께해준다면 더할 나위 없이 기쁠 것이다. 당신을 둘러싼 수많은 상품과 서비스는 과연 어떠한 체험을 디자인하여 당신에게 전달하고 있는 것일까? 그 정체가 보이기 시작했을 때 비로소 당신이 지금 세계를 바라보는 방식, 느끼는 방식, 살아가는 방식까지도 바뀔 것이다. 나아가 누군가의 마음을 움직이고 싶고, 누군가 자신을 이해해주었으면 하고, 사람들이 원하는 대로 행동해주었으면 하는 당신의 바람도 이루어질지 모른다. 터무니

없는 얘기라고 생각하는가? 하지만 나는 그러한 바람을 정말로 이루어줄 예정이다. 여러 가지로 새로운 책이겠지만, 우선은 어렵게 생각하지 말고 그저 '체험'해주었으면 한다. 아, 방금 본 그림이 당신의 마음을 움직일 수 있었던 나름의 답은 책의 마지막에 적어놓았다.

다마키 신이치로

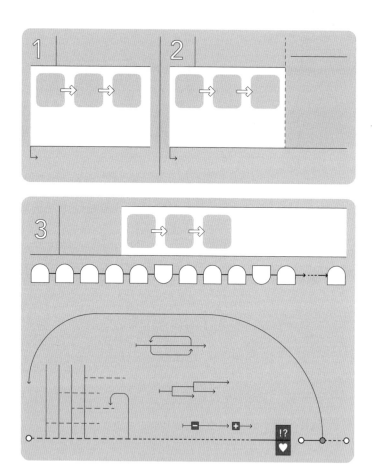

왼쪽 그림은 체험 디자인의 전체적인 흐름이다. 이 책은 게임을 소재로 1장에서 직감 디자인, 2장에서 놀람 디자인, 3장에서 이야기 디자인에 대해 풀어나갈 예정이다. 하나씩 차근차근 이해할 수 있게끔 구성되어 있다. 비즈니스와 실생활에 응용할 수 있는 체험 디자인 요약과 구체적 예시는 책 맨 뒤의 실천 편에 실려 있으니 아무쪼록 필요한 곳부터 읽어주길 바란다.

자, 그렇다면 당신이 '마음을 움직이고 싶은 사람'은 누구인가? 업무상 고객? 직장 동료? 가족이나 친구? 짝사랑 상대? 이 책은 모든 사람의 마음을 움직이는 방법을 소개한다. 예를 들면 이런 식이다.

1. '나도 모르게' 무언가 하고 싶어지도록 한다.
2. '나도 모르게' 무언가에 푹 빠지게 한다.
3. '나도 모르게' 누군가에게 말하고 싶어지게 한다.

이 '나도 모르게'가 바로 체험 디자인이 가진 힘이다. 그럼 본격적으로 마음을 움직이는 체험 디자인 여행을 시작하기 전에 몇 가지를 일러두고자 한다. 첫째, 이 책의 내용은 저자의 독자적 고찰이므로 등장하는 게임회사 및 제작자의 견해와는 다를 수 있음을 밝힌다. 둘째, 이 책에는 게임 줄거리의 핵심이 일부 기재되어 있다는 점, 미리 양해를 구한다. 마지막으로, 책에서는 실제 게임 화면이 아닌 모식도를 사용할 예정이니 실제 게임 화면을 확인하고 싶다면 저작권자가 공식적으로 공개한 게임 이미지를 찾아보거나 실제로 게임을 플레이해보길 바란다.

직감 디자인

왜 나도 모르게
'하게' 되는 걸까?

✽ 책에서는 실제 게임 화면이 아닌 모식도를 사용할 예정이니, 실제 게임 화면을 확인하고 싶다면 저작권자가 공식적으로 공개한 게임 이미지를 찾아보거나 실제로 게임을 플레이해보길 바란다.

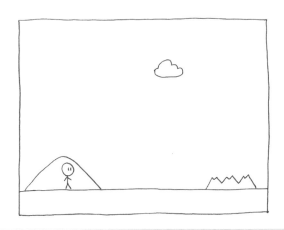

슈퍼 마리오 브라더스[•]

컴퓨터 게임이 대중화된 지 벌써 수십 년이 흘렀다. 그간 게임 발전의 중추를 담당했던 대표적인 게임이 바로 1장에서 분석하게 될 '슈퍼 마리오 브라더스'다.

　슈퍼 마리오는 세계에서 가장 많이 팔린 게임으로 기네스북에 등재되기도 했다. 모두가 알다시피 게임의 역사를 대표하는 작품임은 두말할 것도 없고, 세계적으로도 게임의 대명사로 통한다. 이렇듯 역사적인 작품의 체험 디자인을 분석함으로써 게임이라는 것이 어떻게 직감적인 체험을 만들어내는지 들여다보자. 이 직감적인 체험에 대한 논의는 결국 '사람들은 왜 게임을 하는가'에 대한 본질적인 문제로도 이어진다.

　● Super Mario Bros, 1985, 닌텐도

도입부 화면이 재미없는 게임

'도대체 어떤 게임이 잘 팔릴까?'라는 질문을 받는다면 대부분의 사람들은 이렇게 대답할 것이다. '재밌어 보이는 게임이 잘 팔리겠지.' 당연하다. 재밌어 보이는 게임이 잘 팔린다. 그렇다면 기네스북에 오를 정도로 잘 팔린 슈퍼 마리오도 한눈에 '재밌겠다!'고 느껴지는 게임일 것이다.

실험을 하나 해보았다. 꾸밈없이 대답할 것 같은 아이들을 불러 모아 슈퍼 마리오의 도입부 화면을 보여준 후 '재밌어 보이니?'라고 물었다. 그러자 아이들은 세계에서 가장 잘 팔린 게임을 앞에 두고 발칙하게도 이렇게 대답했다. "재미없어 보여."

세계에서 가장 많이 팔린 게임이 재미없어 보인다니, 정말 당황스럽다. 정말로 만에 하나 슈퍼 마리오가 재미없어 보이는 것이 사실이라면 도대체 어떻게 슈퍼 마리오는 세계에서 가장 많이 팔린 게임이 될 수 있었던 걸까?

특점: 0점　코인: 0개　월드: 1-1　남은 시간: 399

슈퍼 마리오 도입부

이 게임의 가장 중요한 룰은 무엇인가

그런데 단도직입적으로 말하자면 '왜 슈퍼 마리오가 세계에서 가장 많이 팔린 게임일까?'라는 물음에 대해 고찰하는 일은 다소 '성가시다.' 물건이 잘 팔리는 이유를 따지려면 당시의 시대적 배경과 같이 복잡하고 디테일한 부분까지 고려해야 하기 때문이다. 그런 의미에서 온전히 게임의 체험 디자인에만 주목하기 위해 조금 우회하더라도 보조적인 질문을 하나 더 설정하고자 한다.

'이 게임은 어떻게 하면 이길 수 있는가?'

이 질문은 이 게임에서 가장 중요한 룰이 무엇인지를 묻는 것이기 때문에 이미 슈퍼 마리오를 플레이해본 사람이라면 누구나 단번에 대답할 수 있을 것이다. 하지만 예상과 달리 이 문제는 한 번에 대답할 수 있는 사람이 거의 없는 난제이기도 하다. 몇 가지 오답 예시를 살펴보면서 천천히 정답에 접근해보자. 먼저 이 질문부터 시작해보자.

'마리오의 숙적이자 최강의 라이벌이며, 최종 보스라 하면 누가 떠오르는가?'

중요한 것을 가장 먼저 전달해야 하는 이유

짐작한 대로 다음 페이지의 그림 중 아래쪽에서 마리오를 막아 선 '쿠파를 쓰러뜨리면 이긴다'는 대답이 가장 많이 등장하는 오답이다. '쿠파는 틀림없이 이 게임의 최종 보스야. 오답일 리 없어!'라고 생각할 수도 있다. 그렇다면 축구를 예로 들어보자. '공을 골대에 넣으면 득점한다', '공을 손으로 만지면 안 된다'와 같은 기본적인 룰을 모르면 축구 자체를 할 수 없다. 그러니 사전에 정확하게 룰을 전달해야 한다. 중요한 룰을 가장 먼저 전달해야 하는 것이다.

그런데 슈퍼 마리오의 도입부는 '쿠파를 쓰러뜨리면 이긴다'와 같은 룰을 플레이어에게 일절 전달하지 않는다. 어디에서도 쿠파의 '쿠'자조차 찾을 수 없다. 그렇다면 결국 '쿠파를 쓰러뜨리면 이긴다'는 룰은 게임의 기본이 되는 룰이 아니라 곁가지에 불과한 것이다. 같은 맥락에서 '쿠파에게 납치된 피치 공주를 구하면 이긴다'도 오답이 된다. 다시 말해 가장 중요한 룰은 게임 도입부에서 '가장 먼저' 전달된다. 그럼 이쯤에서 자주 언급되는 4가지 오답을 한꺼번에 살펴보자.

슈퍼 마리오 도입부

쿠파의 등장

플레이어에게 원하는 것

득점을 하면 이긴다, 코인을 모으면 이긴다, 월드를 클리어하면 이긴다, 제한시간 이내에 무언가를 하면 이긴다. 아쉽게도 이 4가지 모두 오답이다. 어째서일까?

먼저 플레이어가 화면을 보고 '가장 중요한 룰은 득점'이라고 해석한 경우를 가정해보자. 당연히 플레이어는 이제부터 어떻게든 득점을 하려고 시도할 것인데, 여기서 문제가 발생한다. 화면에 점수는 표시되어 있지만 그 점수를 따낼 수단이 드러나 있지 않기 때문이다. 이대로 두면 플레이어는 점수를 딸 방법을 몰라 막막해지고 말 것이다.

즉, 도입부에서 전달되어야 할 가장 중요한 룰은 플레이어가 순식간에 간파할 수 있는, '내가 무엇을 하면 되는지'에 관한 것이어야 한다. 슈퍼 마리오의 도입부는 과연 어떤 행동을 요구하고 있는가? 바로 그것이 가장 중요한 룰이 된다.

그러나저러나 많은 오답이 언급되었다. 쿠파도, 피치도 아니고 득점도, 코인도 아니란다. 점점 더 어려워지고 있다.

특점: 0점　　코인: 0개　　월드: 1-1　　남은 시간: 399

도입부에 표시되어 있는 정보

'이것'이 쿠파를 쓰러뜨리는 방법인 이유

여기서 힌트로 넘어가자. 이 게임이 쿠파를 쓰러뜨리는 방법에 힌트가 있다. 도끼로 쇠사슬을 끊어 다리를 무너뜨리고 용암 연못에 쿠파를 빠뜨리는 것이 방법이다. 다시 말해, 화면 오른쪽 끝의 도끼를 잡으면 이기는 것이다. '음, 그렇구나….' 하고 흘려 듣지 말길 바란다. 여기 이상한 점이 2가지 있다.

첫째, 아이들이 하는 게임치고는 격파 방법이 소박하다는 점이다. 실제로 아이들에게 게임을 기획하게 하면 펀치나 폭탄처럼 화려한 연출을 선호한다. 그런데 디자이너는 왜 이처럼 소박한 격파 방법을 선택한 걸까?

둘째, 이런 소박한 격파 방법에 귀중한 데이터를 대량으로 할애하고 있다는 점이다. 고전 게임들이 사용할 수 있는 데이터는 극히 소량이었는데도 도끼, 쇠사슬, 다리, 용암 등에 많은 데이터를 할애하면서까지 이런 격파 방법을 고집한 이유는 무엇일까?

생각하면 할수록 별난 디자인이다. 여기서 발상을 전환해 보려고 한다. 디자이너는 이런 격파 방법을 '선택하고 싶었던 것'이 아니라 '선택할 수밖에 없었던 것'이 아닐까?

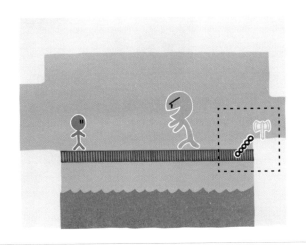

화면 오른쪽 끝의 도끼

플레이어가 줄곧 믿어온 룰

플레이어는 쿠파를 만나기 훨씬 더 이전에 게임 도입부에서 가장 중요한 룰을 무의식적으로 감지하고 그 룰에 따라 모험을 계속하여 마침내 쿠파가 있는 곳에 이르렀다. 이때 플레이어는 무슨 생각을 할까? 수많은 장치들을 유심히 관찰하고 그 의미를 완전히 파악하여 '쿠파를 쓰러뜨리려면 도끼로 쇠사슬을 끊어 다리를 무너뜨려야 해!'라고 생각하는 플레이어는 아무도 없을 것이다.

플레이어가 생각하는 것은 오로지 하나, 쿠파를 만나기 전까지 줄곧 믿어온 가장 중요한 룰에 따라 행동하는 것, 그것뿐이다. 그렇기 때문에 디자이너는 플레이어가 가장 중요한 룰에 따라 행동했을 때 자연스럽게 쿠파를 쓰러뜨릴 수 있는 장치를 디자인할 수밖에 없었던 것이다. 그 결과로 탄생한 격파 방법이 '화면 오른쪽 끝의 도끼를 잡는 것'이다.

과연 디자이너가 그렇게까지 해서 지켜야 했던 가장 중요한 룰은 무엇이었을까? 이제 쿠파 격파 방법을 되새기며 슈퍼마리오의 도입부 화면으로 돌아가 보자.

플레이어는 게임 도입부에서 룰을 직감했다

직감한 룰을 줄곧 믿으며 쿠파가 있는 곳에 이르렀다

세계에서 가장 유명한 게임 캐릭터

지금까지의 논의에서 다음과 같이 많은 오답이 언급되었다.

> "쿠파를 쓰러뜨리면 이긴다."
> "피치 공주를 구하면 이긴다."
> "득점을 하면 이긴다."
> "코인을 모으면 이긴다."
> "월드를 클리어하면 이긴다."
> "제한시간 이내에 무언가를 하면 이긴다."

여기서 조금이라도 어색한 점을 느꼈다면 아주 예리한 사람이다. 이렇게나 많은 오답 예시가 나왔는데 이 게임에서 가장 중요한 존재가 아직 등장하지 않은 것이다. 이 게임의 주인공이자 세계에서 가장 유명한 게임 캐릭터. 가장 먼저 플레이어가 주목했을 바로 그 존재.

이 화면에서 가장 주목해야 할 존재는?

마리오가 전달하는 메시지

그렇다. 플레이어에게 가장 주목받는 이 게임의 주인공 '마리오'가 가장 중요한 룰을 알려주고 있을 것이다. 다시 마리오를 유심히 관찰해보자. 즉, 마리오 캐릭터 자체에서 파악할 수 있는 정보를 말로 설명해보자.

'빨갛다'는 어떤가? 좋다! 마리오를 아는 사람은 '콧수염이 나 있다', '모자를 쓰고 있다'와 같은 이미지를 떠올렸을 수도 있겠지만, 여기서는 오직 모식도를 통해 파악할 수 있는 정보로만 설명해보겠다. 모식도를 통해 파악할 수 있는 정보가 더 이상 없다고 생각했을지도 모르지만 아직 남아 있다.

마리오는 어디에 서 있나? 평평한 땅 위에 서 있다. 그리고 화면 왼쪽에 서 있다. 마리오는 무엇을 하고 있나? 오른쪽을 향해 서 있다. 마리오는 화면 왼쪽 끝에 있고 오른쪽을 향해 있다. 이러한 마리오의 모습이 전달하는 메시지는 무엇일까? 나머지 2개의 힌트도 마저 살펴보자.

마리오를 설명해보자

모든 것은 하나의 룰을 전달한다

첫째, 화면 왼쪽의 높은 산이다. 산은 왼쪽에 벽을 만들어 무언가 막혀 있는 것 같은 느낌을 준다. 둘째, 화면 오른쪽의 선명한 황녹색 풀과 새하얀 구름이다. 둘 다 밝은색으로 눈길을 끌어 플레이어의 시선을 오른쪽으로, 오른쪽으로 잡아당기는 듯하다.

덤으로 힌트 하나를 더 주겠다. 그림에는 표현되어 있지 않지만 '마리오' 하면 떠오르는 것이 바로 콧수염과 모자다. 왜 하필 마리오에게 콧수염과 모자를 설정한 것일까? 아마도 얼굴이 어느 쪽을 향해 있는지 잘 보이게 하려던 것이 아닐까? 모자는 그렇다 쳐도 어린이용 게임에 콧수염 난 주인공은 상식적으로 이상하다. 하지만 디자이너의 의도가 '오른쪽을 향해 있는 마리오'를 플레이어에게 인식시키는 것이었다면 완전히 납득이 가는 디자인이다.

이제 답을 알겠는가? 마지막으로 다시 한번 묻겠다. 부디 당신의 답을 준비해두었길 바란다. 이 게임은 어떻게 하면 이길 수 있는가? 이 게임의 가장 중요한 룰은 무엇인가?

산, 풀, 구름

룰을 믿어 의심치 않는 플레이어

답은 '오른쪽으로 간다'이다. 이것이 바로 슈퍼 마리오의 가장 중요한 룰이다. 광활한 세계를 누비는 마리오도 실은 그저 오른쪽으로 가고 있을 뿐이다. 플레이어는 게임 도입부에서 직감한 이 룰을 너무 당연해서 말로 표현할 수 없을 만큼 깊이 이해하고 있을 뿐 아니라 '믿어 의심치 않는다.' 플레이어가 '오른쪽으로 간다'는 룰을 믿는다는 증거는 쿠파와 싸울 때 나타나는 행동에서 엿볼 수 있다.

쿠파가 있는 곳에 다다른 플레이어는 주변에 마련된 장치인 도끼, 쇠사슬, 다리, 용암 등의 의미를 파악하지 못하지만 그래도 여전히 '오른쪽으로 가면 어떻게든 될 것'이라 믿으며 죽음도 마다치 않고 마냥 오른쪽으로 나아가려 한다. 그 정도로 플레이어는 '오른쪽으로 간다'는 룰을 굳게 믿고 있는 것이다.

그런데 여기서 한 가지 의문이 든다. 왜 플레이어는 '오른쪽으로 간다'는 룰을 이토록 굳게 믿게 된 것일까? 도대체 디자이너가 무슨 마법을 부렸길래 플레이어는 룰을 믿어 의심치 않는 것일까? 그 비밀을 풀기 위해 이제 마리오를 한걸음 오른쪽으로 전진시켜보자.

'오른쪽으로 간다'는 룰

왜 쿠리보는 옆으로 걸을까?

마리오를 오른쪽으로 전진시키자 이 게임의 첫 번째 적 '쿠리 보'가 등장한다. 오른쪽 끝에서 무서운 표정으로 나타난 쿠리보 는 마리오가 있는 왼쪽을 향해 '옆으로' 걸으며 다가온다. 그런 데 왜 쿠리보는 옆으로 걸을까? 옆으로 걷는 생명체는 고작해 야 게 정도가 아닌가. 생명체의 걸음걸이로는 대단히 부자연스 러움에도 불구하고 디자이너는 왜 쿠리보를 옆으로 걷게 만든 것일까? 아마도 무서운 표정이 정면에서 보이게끔 하여 자신이 적이라는 것을 플레이어에게 확실히 알리기 위함일 것이다. 디 자이너가 얼마나 정보 전달에 열정적인지 알 수 있는 대목이다.

여기서 한 가지 중요한 질문을 하려고 한다. 쿠리보를 발견 한 플레이어의 기분은 어떨까? 미리 말해두지만 이 질문은 상 당히 어려운 것이다. 잘 모르겠더라도 부담 없이 읽어 나가길 바란다. 이 책에서는 '플레이어의 기분'을 앞으로도 자주 물어볼 예정이다. 어렵겠지만 체험 디자인을 고찰하려면 피할 수 없는 과정이다.

쿠리보 등장

플레이어를 기쁘게 하는 적

국어 시험 문제 같은 이 질문은 바꿔 말하면 체험 디자인이 사람의 기분을 생각하는 일임을 의미한다. 디자이너는 항상 플레이어에게 어떤 체험을 하게 할지, 어떻게 그들의 마음을 움직일지 생각해야 하는 것이다.

쿠리보의 무서운 표정을 발견한 순간, 플레이어는 '이건 적이다!'라고 생각할 것이다. 적을 보고 어떤 기분을 느낄지 묻는 질문에 대한 대답은 대개 2가지 패턴으로 추려진다. 첫째는 적으로부터 몸을 지키고 싶다, 피하고 싶다, 죽고 싶지 않다고 느끼는 방어형. 둘째는 적을 때리고 싶다, 해치우고 싶다, 적에게 가까이 가고 싶다고 느끼는 공격형이다.

그러나 아쉽지만 모두 틀렸다. 디자이너는 플레이어를 겁주려는 것도, 플레이어의 공격성을 끌어내려는 것도 아니다. 디자이너의 궁극적 목표는 플레이어를 즐겁게 하려는 것이다. 여기서도 발상을 전환해보자. 쿠리보를 발견했을 때, 플레이어는 그것이 적임에도 불구하고 기뻐한다. 지금부터 그 이유를 알아보자.

쿠리보를 발견한 플레이어의 기분은…

불안감에 사로잡힌 플레이어

'적을 맞닥뜨렸는데 기뻐하다니, 바보 아니야?'라고 생각할지도 모르겠다. 하지만 여기에는 합당한 이유가 있다. 포인트는 플레이어가 쿠리보를 만나기 전의 기분이다. 플레이어는 게임 시작 직후, 마리오가 서 있는 방향과 위치, 산과 풀, 구름 등을 바라보며 막연히 '오른쪽으로 갈까?'라는 가설을 세웠다. 그러나 이 시점에서는 이것이 어디까지나 가설일 뿐이다. 대문짝만하게 '오른쪽으로 가라'고 쓰여 있지 않으니 가설이 옳다는 확증도, 자신도 없다.

　마침내 플레이어는 마음을 정하고 오른쪽으로 간다. 반복해서 말하지만 여전히 플레이어는 '오른쪽으로 가는 것이 옳은지 그른지 모르는 상태'이므로 불안할 것이다. 그런 상태에서 쿠리보를 발견한 것이다. 자, 다시 묻겠다. 쿠리보를 발견한 플레이어가 기뻐하는 이유는 뭘까?

플레이어는 '오른쪽으로 간다'는 가설을 세웠다

불안감을 안고 오른쪽으로 나아가는 플레이어 앞에 쿠리보가 나타났다

플레이어의 심경변화가 의미를 결정한다

정확한 답은 '오른쪽으로 가는 것이 옳았다는 사실을 알고 기뻐한다'이다. 플레이어의 심리는 오른쪽을 향해 걷는 동안 내내 불안한 상태였다. 때문에 설령 발견한 상대가 적일지라도 기뻐하게 되는 것이다. 이 문제는 애당초 쿠리보만 보아서는 풀리지 않는다. 쿠리보가 등장하기 전 플레이어의 기분이 어땠는지, 이른바 '마음의 문맥'을 살피는 것이 중요하다. 바로 그 마음의 문맥이 체험의 의미를 결정하는 것이다.

　자, 정리해보자. 애초에 우리는 플레이어가 왜 그토록 오른쪽으로 가야 한다는 것을 굳게 믿는지에 대한 문제를 고찰하고 있었는데, 이 문제를 풀어줄 열쇠는 쿠리보를 발견하기까지 일련의 체험에서 찾을 수 있었다. 플레이어는 오른쪽으로 간다는 가설을 세우고, 불안한 가운데 가설을 실행해본다. 그리고 마침내 적중한 가설에 기뻐한다. 이 과정에서 일어나는 마음의 변화, 그 흐름을 정리해보겠다.

오른쪽으로 가는 것이 맞는 가설인지 불안했기 때문에…

…그게 적이든 뭐든, 무언가 나타난 것만으로도 기쁘다

직감 디자인의 구조

1. 가설: 자발적으로 'ㅇㅇ할까?'라는 가설을 세운다. 단, 플레이어는 가설이 옳은지 그른지 확인할 수 없다.

2. 시행: 자발적으로 'ㅇㅇ해보자'라고 생각하고 시험 삼아 행동에 옮긴다.

3. 환희: 그 과정에서 'ㅇㅇ하는 것이 맞았어!'라고 환희한다. 여기서 비로소 플레이어는 자신의 가설이 옳았다는 것을 확신할 수 있다.

가설을 세워 시행하고 환희하는 것. 슈퍼 마리오의 도입부부터 쿠리보가 등장하기까지 불과 몇 초 사이에도 플레이어의 감정은 이토록 다양하게 변화하고 있었던 것이다. 디자이너 입장에서는 불과 몇 초 사이에 그만큼의 체험을 디자인한 것이 된다.

디자인의 정밀함만 놀라운 것이 아니다. 이 일련의 체험을 거친 플레이어는 여기서 학습한 '오른쪽으로 간다'는 룰을 굳게, 아주 굳게 믿게 된다. 얼마나 굳게 믿느냐면 죽을 때까지 믿는다. 대체 어떻게 그렇게까지 굳은 신뢰가 생길 수 있는 것일까? 그 이유를 설명해보겠다.

불과 몇 초 사이

당신은 자전거를 탈 수 있는가?

직감 디자인

정말 자전거 타는 법을 아는가

생뚱맞지만 당신은 자전거를 탈 줄 아는가? '자전거? 당연히 탈수 있지!'라고 자신 있게 대답할 수 있는 사람에게 질문하고자한다. "당신이 자전거를 타는 방법은 정말로 올바른가?"

　다시 질문을 받은 당신은 왠지 모르지만 이상하게 불안해질 것이다. 분명 프로에게 자전거 타는 방법을 배우지는 않았을것이다. 그런데도 방금 당신은 왜 그토록 자신 있게 대답할 수있었을까? 답은 당신이 스스로의 힘으로 자전거 타는 방법을체득했기 때문이다. 스스로 배워서 할 수 있게 된 일에는 자신감을 가지게 되고, 의심도 하지 않게 된다. 반대로 스스로 체득하는 체험을 수반하지 않고 타인에게 배운 지식만으로 가능해진 일에는 좀처럼 자신감을 가질 수 없는 법이다.

　예를 들어, 당신이 아직 자전거 타는 연습을 하는 중에 누군가 '좀 더 스피드를 올리면 넘어지지 않을 거야!'라고 조언했다고 하자. 당신은 그 사람의 말만 믿고 스피드를 올릴 수 있겠는가?

아마도 '스피드를 올리라'는 그 위험한 조언을 절대 믿을 수 없을 것이다. 스피드를 올렸다가는 넘어질 게 빤하다고 생각하기 때문이다. 그런데 한참을 힘들게 연습하던 중에 우연히 스피드가 올라갔고, 때마침 몇 미터를 나아갔다면? 여기서 당신은 직감할 것이다. 스피드를 더 올려도 넘어지지 않는 걸까? 시도해볼까? 어어, 앞으로 간다!

이처럼 '가설→시행→환희'라는 자발적 체험을 통해 이해한 자전거 타는 법은 이제 의심의 여지 없는 진리가 될 것이다. 한마디로 이제 당신은 자신이 '자전거 탈 수 있다'는 것을 의심하지 않는다. 스스로의 노력으로 이 세계에서 발견한 진리를 의심하는 것은 자기 자신을 의심하고 부정하는 것이 되기 때문이다.

이처럼 우리는 자발적으로 학습한 것을 평생 부정할 수 없을 만큼 굳게 믿는다. 때문에 자전거 타기와 마찬가지로 슈퍼마리오 게임을 하는 플레이어도 '가설→시행→환희'라는 자발적 체험을 통해 '오른쪽으로 간다'는 룰을 직감하고 끝까지 믿는 것이다.

누가 말해도 믿지 않는다

자, 지금까지의 내용을 정리해보자. 일련의 체험을 통해 플레이어에게 정보를 전달하는 이러한 체험 디자인은 '직감 디자인'이라고 부르기로 하자.

1. 가설: 플레이어가 '○○해볼까?'라는 가설을 세우게 한다.
2. 시행: 플레이어가 '○○해보자'라고 생각하게 하고 실행해보며 확인하게 한다.
3. 환희: 플레이어가 '내 예상이 맞았어!' 하며 기뻐하게 한다.

직감 디자인의 성과는 플레이어가 스스로의 힘으로, 직감적으로 이해하는 체험 그 자체이지만 한 가지 더 중요한 성과가 있다. 직감 디자인을 한 차례 체험한 플레이어는 비로소 환희를 맛보게 된다는 것이다. 여기서 질문이다. 플레이어는 이런 기분을 느끼게 해준 게임에 대해 어떻게 평가할까?

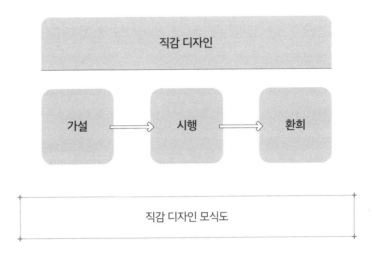

직감 디자인 모식도

직감은 곧 즐거움

아마 이렇게 평가할 수밖에 없을 것이다. '이 게임은 재밌어!'라고. 직감 디자인은 정보를 직감적으로 전달할 뿐만 아니라 재미를 느끼게끔 하는 가장 중요한 기능도 맡고 있는 것이다. '직감'적으로 알 수 있는 것이 곧 '재미'있다.

　이토록 강력한 직감 디자인을 실제로 디자인하는 것은 만만치 않은 일이다. 1단계(가설) 체험을 만들려면 플레이어가 자발적으로 'OO해볼까?'라는 가설을 세울 수 있도록 디자인을 구상해야 한다. 마찬가지로 2단계(시행) 체험에서도, 3단계(환희) 체험에도 플레이어가 자발적으로 'OO해보자', '내 가설이 옳았어!'라는 기분을 느낄 수 있는 디자인이 필요하다.

　무조건 '자, 가설을 세워라! 실행해라! 이제 됐어!'라고 명령하고 지시할 것이 아니라 어디까지나 자발적 체험을 만들어내는 디자인을 구상하는 것, 이것은 매우 어려운 일이다. 하지만 걱정할 것 없다. 단 하나의 원칙만 알면 되기 때문이다. 여기서 다시 슈퍼 마리오의 도입부 화면으로 돌아가 보자.

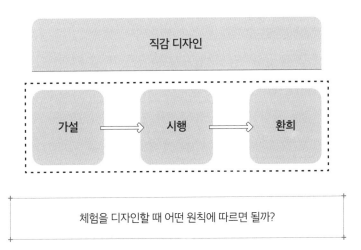

체험을 디자인할 때 어떤 원칙에 따르면 될까?

재밌겠다고 생각하는 것보다 중요한 것

우리는 무의식적으로 눈앞의 세계로부터 수많은 정보를 받아들인다. 슈퍼 마리오에서 '마리오가 오른쪽을 향해 있다', '왼쪽에 산이 있다' 등이 정보가 된 것처럼 말이다. 플레이어의 뇌는 이러한 정보를 통해 '오른쪽으로 갈 수 있을 것 같다'라는 가설을 만들어내는데, 여기서 플레이어가 무의식적으로 깨닫는 것이 있다. 지금 자신이 쥐고 있는 컨트롤러에 틀림없이 캐릭터를 오른쪽으로 가게 하는 버튼이 있음을 말이다.

생뚱맞지만 우측 버튼의 존재를 알아차린 플레이어는 이제 그 버튼을 누르지 않고는 버틸 수 없게 된다. 플레이어는 자신의 가설이 단 하나의 버튼을 누르기만 하면 확인된다는 것을 알게 된 이상 우측 버튼을 누를 수밖에 없다. 플레이어는 자신이 세운 가설을 강제적으로 따르게 되는 것이다.

게임은 재미있어서 하는 게 아니다. '나도 모르게' 생각이 나고, '나도 모르게' 손이 가기 때문에 하는 것이다. 우리의 뇌는 항상 가설을 찾아내어 우리가 그대로 실행하게끔 만들려고 한다.

틀림없이 오른쪽으로 가게 하는 버튼이 있다

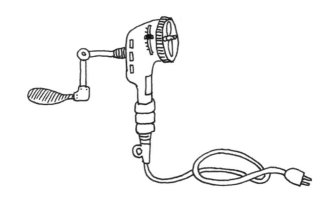

수수께끼 같은 기계

직감 디자인

뇌는 항상 가설을 만들고 싶다

왼쪽에 그림이 있다. 용도가 무엇인지 알 수 없는 수수께끼 같은 기계다. 이 그림을 보면서 무슨 생각이 드는지 확인해보자. 아마도 '핸들을 돌리는 건가?', '콘센트에 끼우는 건가?', '손잡이처럼 보이는 곳을 잡는 건가?'라는 생각을 했을 것이다. 강조하자면 나는 '이 기계의 사용법에 대해 생각해보라'고 말한 적이 없다. 그런데도 많은 사람은 '이 기계를 어떻게 사용해야 하는지'에 대해 생각했을 것이다.

이 실험은 우리의 뇌에 어떠한 '성질'이 있다는 것을 증명한다. 우리의 뇌는 늘 '○○해볼까?'라는 식으로 다음 행동에 대한 가설을 만들고 싶어 한다. 실제로 이 개념은 이미 학문적으로 정리되어 있다. 심리학이나 인지과학에서 사용되는 '어포던스 affordance'라는 개념이 바로 그것이다.

어포던스는 본래 '환경이 동물에게 부여하는 의미'로 정의되지만, 왠지 어렵게 느껴지므로 과감히 풀어서 설명해보겠다. 어포던스는 당신이 무언가를 봤을 때 자연스럽게 '○○해볼까?'라고 생각하는 과정을 가리킨다. 물론, 용도를 알 수 없는 기계를 보고 '○○해볼까?'라는 생각을 하는 인간이 그것을 인식해야 한다. 개가 이 물건을 본다 한들 이런 생각을 떠올리지는 않을 것이기 때문이다.

한 가지 덧붙이자면, 어포던스와 세트인 개념으로 '시그니파이어signifier'가 있다. 어포던스를 전달하기 위한 특화된 정보를 가리키는 개념인 시그니파이어는 슈퍼 마리오의 경우에 마리오의 모습과 위치, 산과 풀 등에 해당한다. 정확하게는 화면의 거의 모든 것이 시그니파이어라고 할 수 있다. 어포던스와 시그니파이어, 이 2가지 개념을 적용해보면 앞에서 아이들이 슈퍼 마리오가 재미없어 보인다고 말한 이유도 설명할 수 있다.

어포던스
‘○○해볼까?’라는 생각

시그니파이어
어포던스를 전달하기 위한 정보

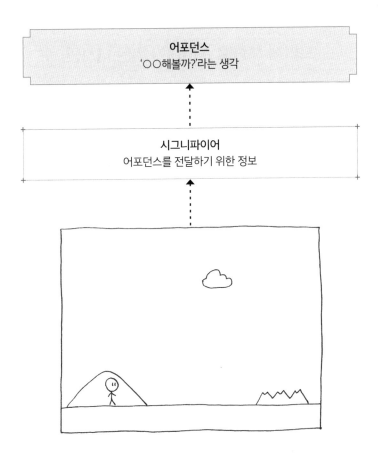

자발적 체험을 끌어내기 위한 디자인

슈퍼 마리오의 도입부는 '오른쪽으로 가라'는 어포던스를 전달하기 위한 시그니파이어로 가득 차 있다. 바꿔 말하면 어포던스 이외에는 전달하지 않겠다는 의지로 가득하다. 여기서 희생된 것이 다름 아닌 '게임을 재밌어 보이게 만드는 장치들'이다. 디자이너는 오른쪽으로 가야 한다는 룰을 무엇보다 먼저 전달하고 싶었기 때문에 게임을 재밌어 보이도록 하는 데 힘을 뺐다.

사실 아이들에게 슈퍼 마리오가 재밌어 보이는지 묻는 실험을 했을 때, 우리는 또 한 가지 실험을 함께했었다. 이 실험에서 아이들은 슈퍼 마리오를 보기만 했는데도 '오른쪽으로 가자!'고 외쳤다. 누군가에게 지시를 받은 것도 아니고, 눈앞의 게임이 재밌을 것이라는 확증조차 없는 상태에서 자연스럽게 룰을 직감한 아이들은 플레이를 시작한 것이다. 게임이 지닌 힘을 또렷하게 증명하는 이 사례는 그야말로 게임의 진면목이 돋보여 감동적이기까지 하다.

디자이너는 얼마든지 도입부를 화려하게 연출할 수 있었을 것이다. 화면을 꾸미면 꾸밀수록 플레이어들에게는 얼마든지 호감을 줄 수도 있다. 그러나….

'재밌겠다'는 생각이 들기 전에 '오른쪽으로 가봐야지'라고 생각하게 만든다

디자이너의 최대 시련

꾸미면 꾸밀수록 '오른쪽으로 갈까?'라는 가장 중요한 어포던스를 전달하기 위한 시그니파이어는 가려지고 만다. 그렇기 때문에 디자이너는 모든 허식을 배제한다. 게임을 재밌어 보이도록 하는 요소들마저 미련 없이 버리고 플레이어가 무엇을 하면 될지를 전달하는 것에 집중한 것이다. 이것이 바로 디자이너가 극복해야 할 최대의 시련이라고 할 수 있다.

게임이라는 상품을 기획할 때 디자이너는 항상 '플레이어에게 인정받지 못하면 어떡하지'라는 불안감에 사로잡힌다. 불안감에 무릎 꿇은 디자이너는 게임에 쓸데없는 장식을 덕지덕지 덧붙이게 될 것이다. 그 결과는 시작부터 무얼 해야 하는지 알 수 없는 게임, 한마디로 시시한 게임이다.

하지만 슈퍼 마리오는 다르다. 단호히 '오른쪽으로 가야 한다'는 룰만을 전달할 수 있었기 때문에 전 세계 사람들이 모험의 첫발을 내디딜 수 있었던 것이다. 아니, 이것은 모험의 첫발에만 한정된 얘기가 아니다. 언제나 직감 디자인은 플레이어를 다음 모험으로, 그다음 모험으로 친절하게 이끌기 때문이다.

"내가 만든 걸 플레이어가 폄하하는 것도,
무시하는 것도 싫다.
어떻게든 내가 만든 걸 미워하게 하고 싶지 않다.
왜냐하면 내가 만든 것을 부정당하는 일은
나 자신이 부정당하는 것과 마찬가지이니까.
미움받는 슬픔도, 자존심이 꺾이는 아픔도 반드시 피하고 싶다.
그래, 상품을 화려하게 꾸미자. 겉모습을 예쁘고 멋지게 만들자.
화려한 사운드와 애니메이션을 곳곳에 배치하자.
'잘 만들어진 상품이에요, 딱 원하던 상품이죠, 틀림없을 거예요,
돈 좀 들였거든요.' 이렇게 알리자. 그렇게 하면 난 누구에게도
영원히 미움받지 않아도 돼. 어차피 게임은 해보지 않으면
재미있는지 아닌지 알 수 없어. 노력과 시간을 들여야 하는 일인데,
해보기도 전에 미움받으면 괜찮을 수 없어.
그렇다면 플레이어가 게임을 시작하기 전에 SNS나 미디어에
올릴 화면의 이미지를 화려하게 만드는 게 훨씬 중요하지 않겠어?
틀림없이 상사와 동료들도 만족할 거야. 분명히 그럴 거야.
화려하게 꾸미기만 하면 불안감도 사라질 거야.
불안한 건 싫으니까…."

체험 디자인의 기본은 '직감 디자인의 연속'

오른쪽으로 걸어가자 쿠리보와 물음표가 그려진 블록이 등장한다. 그리고 버섯, 토관, 땅 위의 구멍, 코인이 나타난다. 그때마다 플레이어는 어포던스라는 가설을 만들고, 시행하고, 환희에 가득 찬다. 그 모습은 마치 도토리를 주워 모으는 어린아이 같다. 한 걸음 나아갈 때마다 다음 도토리가 나타난다. 도토리를 발견하고 줍는 체험이 이어진다. 직감 디자인의 연속, 이것이 바로 체험을 디자인하는 기본 전략이자 구조다.

직감 디자인에는 반드시 환희가 포함되어 있기 때문에 플레이어의 감정은 직감 체험을 통과할 때마다 조금씩 고조된다. 그 상태로 감정이 계속해서 고조되어 어느 한 점을 넘었을 때 플레이어는 의식적으로 '이거 재밌다'라고 자각하는데, 그 순간을 설계하는 것이 바로 디자이너의 최종 목표다.

최종 목표에 도달하기 위해 디자이너는 직감 디자인을 연결해 나가지만 단순히 연결만 한다고 해서 제대로 이어지는 것은 아니다. 여기서 직감 디자인을 연결하는 포인트를 살펴보자. 포인트는 3가지다.

직감 디자인

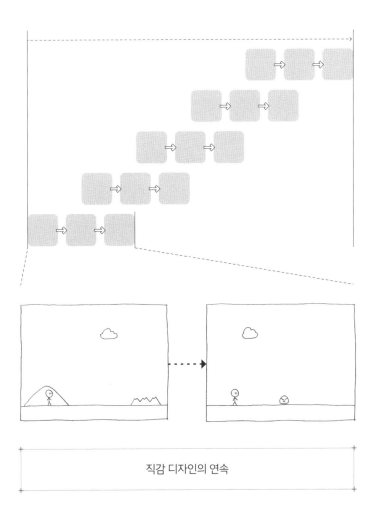

직감 디자인의 연속

직감 디자인을 잘 연결하는 3가지 포인트

첫 번째 포인트는 어느 정도 긴 시간을 직감 디자인으로 채우는 것이다. 사람들이 어떤 게임을 시작하고 그것이 재밌다고 느끼기까지는 빠르면 몇 분, 늦어도 몇십 분이 걸린다. 바로 그만큼의 시간을 직감 디자인으로 채워야 하는 것이다.

두 번째 포인트는 하나하나의 직감 디자인을 짧게 완결하는 것이다. 가설에서 시작되는 직감 디자인은 그 가설이 옳은 것으로 확인되기까지 플레이어를 불안하게 한다. 예를 들어, 마리오를 아무리 오른쪽으로 걷게 해도 텅 빈 지평선만 계속된다면? 플레이어는 틀림없이 불안감에 사로잡혀 기껏해야 10초 만에 게임을 멈추게 될 것이다. 그렇기 때문에 각각의 직감 디자인은 가능한 한 단시간에 완결되어야 한다.

세 번째 포인트는 직감 디자인에서 플레이어가 환희의 체험에 이르는 확률을 높이는 것인데, 이번에는 한 가지 실험을 통해 살펴보기로 하자. 페이지를 넘겨 적혀있는 내용을 5초 이상 가만히 바라보기만 하면 되는 실험이다. 그럼 시작해보자.

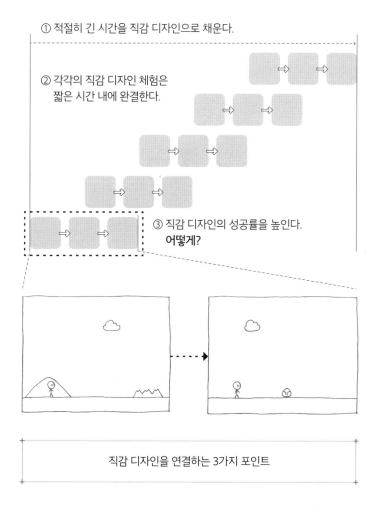

① 적절히 긴 시간을 직감 디자인으로 채운다.

② 각각의 직감 디자인 체험은
짧은 시간 내에 완결한다.

③ 직감 디자인의 성공률을 높인다.
어떻게?

직감 디자인을 연결하는 3가지 포인트

1+1=?

1+1=?

직감 디자인

누구나 풀게 되는 문제

이제 됐다! 그럼 다시 묻겠다. 앞의 내용을 바라보면서 머릿속에 무엇이 떠올랐는가? 대부분의 사람들은 무의식적으로 '2'를 떠올렸을 것이다. 맞는가? 만일을 위해 확인해두자면, 나는 한 번도 '계산하라'고 한 적이 없다. 그런데도 사람들은 무슨 연유에서인지 수식을 계산하고 말았을 것이다. 이상하지 않은가? 시답지 않은 실험이라고 생각한 사람도 있겠지만 아직 끝나지 않았다. 이 실험에는 후속편이 있다. 앞의 실험과 같은 방식으로 다음 페이지의 2가지 내용을 가만히 바라보자. 자, 그럼 시작해보자(만일을 위해 말해두지만 나는 이번에도 계산하라고 말하지 않았다).

$$28 \times 4 = ?$$

$$39271 \div 23 = ?$$

풀게 되는 문제와 그렇지 않은 문제

앞의 문제는 절묘한 난이도로 사람들을 유혹한다. 그렇다면 이번에도 계산하고 말았는가? 계산한 사람이 있는가 하면 마음속으로 '계산하지 말아야지. 계산하지 말아야지' 하며 이를 악문 사람도 있을 것이다. 반대로 아래 문제는 틀림없이 계산한 사람이 아무도 없을 것이다. 암산이 특기라면 모를까 대부분의 사람들은 계산할 마음조차 생기지 않았을 것이다. 나 또한 아무리 들여다봐도 계산할 마음이 생기지 않는다.

이 실험을 하는 동안에 당신의 마음에 어떤 일이 일어났는가? 앞에 나온 세 문제는 모두 단순한 계산 문제다. 그중에는 거의 모두가 무의식적으로 계산하게 되는 문제가 있는가 하면, 거의 아무도 계산하지 않는 문제도 있었다. 동일한 계산 문제에 대한 우리 인간의 행동이 이렇게나 다른 것이다. 대체 이유가 뭘까? '1+1'은 계산할 생각이 드는데 '39271÷23'은 계산할 생각이 들지 않는 이유가 뭘까?

사람의 행동을 바꾸는 것은 그것이 단순하고 쉬운지 여부다. 눈앞에 있는 문제가 아주 단순하고 쉽다면 사람들은 자연히 문제를 풀게 된다. 반대로 눈앞의 문제가 복잡하고 어렵게 느껴지면 풀려고 하지 않는 게 당연하다. 다음 페이지에 쓰여 있는 건 어떤가? 기어이 풀게 되지 않았는가? 문제를 풀라는 지시를 받은 것이 아니라면 이런 문제를 풀었다 한들 즐겁지도, 득이 되지도 않는데 말이다.

　이렇듯 직감 디자인 1단계(가설) 체험의 성공 확률을 높이려면 체험 자체를 단순하고 쉽게 하는 것이 절대적인 조건이다. 그런 점에서 슈퍼 마리오의 도입부 화면은 두말할 나위 없이 단순하고 쉽다. 단순하고 쉽기 때문에 가설을 만들 수 있는 것이다. 2단계(시행)도 마찬가지로 단순하고 쉬운 것이 열쇠가 된다.

○리스토텔레스

어포던스를 전달하는 것은 게임 화면만이 아니다

플레이어가 맞는 가설을 세우고 시행할 확률을 높이려면 '오른쪽으로 가볼까?'라는 어포던스 하나만 명확하게 떠올릴 수 있어야 한다. 그런 점에서 컨트롤러의 십자 키는 매우 중요하다. 아무리 봐도 상하좌우를 입력하기 위한 것임이 분명한 십자 키는 플레이어가 가설을 실제로 시행하게 하는 힘으로 바뀐다. 오른쪽으로 간다는 어포던스는 게임 화면만으로 만들어지는 것이 아니다. 게임기와 십자 키의 디자인이 단순하고 쉽기 때문에 비로소 게임과 게임기가 하나가 되어 어포던스를 전달하는 데 성공한 것이다.

직감 디자인의 성공을 위한 열쇠는 '단순하고 쉽게 디자인한다'는 원칙에 있다. 복잡하고 난해한 것은 누구라도 쉽게 만들 수 있다. 단순하고 쉬운 것을 만드는 것이 어려운 법이다. 게임 업계는 바로 이 '단순하고 쉬운 것'을 만들기 위해 고난의 역사를 축적해온 것이나 다름없다.

게임 화면과 컨트롤러가 하나가 되어 어포던스를 전달한다

전달되지 않으면 아무 의미 없다

예전 게임들은 기술적인 제약 때문에 하나의 화면 안에 적과 내 편이 한꺼번에 자리하고 있었다. 매우 좁은 세계였다. 그 제약을 걷어내고 화면 전체를 상하좌우로 움직이는 기술이 탄생했는데, 그게 바로 '스크롤'이라는 획기적인 신기술이다. 덕분에 게임은 광활한 세계를 손에 넣게 되었다.

하지만 신기술인 스크롤에는 문제가 있었다. 화면이 어느 방향으로 스크롤 되는지 스크롤 방향을 플레이어에게 알려야 했던 것이다. 해결책은 2가지였다. 첫째는 게임 시작부터 정해진 방향으로 화면을 스크롤 하게 하는 방법, 둘째는 슈퍼 마리오처럼 플레이어가 스크롤 방향을 알아차리게 하는 방법이다.

스크롤이라는 신기술도 플레이어가 제대로 활용하지 않으면 의미가 없었던 것이다. 어려운 기술을 단순하고 쉽게 구현하는 것, 디자인을 통해 신기술을 쉽게 이해하고 즐길 수 있도록 하는 일에 디자이너의 지혜가 담겨 있다. 그렇다면 게임에서 기술과 디자이너의 콜라보를 엿볼 수 있는 또 한 가지 예를 알아보자.

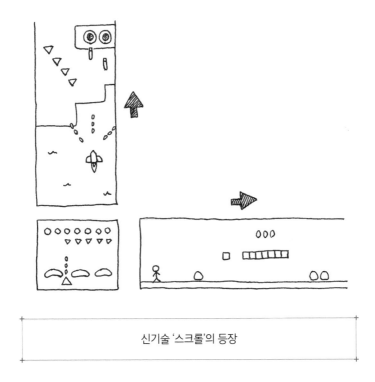

신기술 '스크롤'의 등장

아이템, 어떻게 배치할까?

고전 게임들은 사용할 수 있는 데이터가 매우 적은 양이었기 때문에 아주 단순한 체험밖에 실현할 수 없었다. 이후에 신기술의 발전으로 데이터양이 늘어나면서 게임에 수많은 아이템이 등장하게 되었는데, 이렇게 다양한 도구와 무기들은 풍성한 볼거리와 플레이를 제공할 수 있는 반면, 게임 자체를 복잡하게 만들 수 있다. 바로 이 지점에서 고민이 필요하다. 슈퍼 마리오를 통해 알아보자.

① 분산하여 등장시킨다

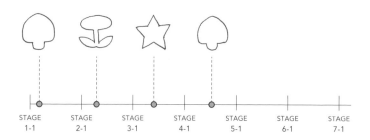

STAGE 1-1   STAGE 2-1   STAGE 3-1   STAGE 4-1   STAGE 5-1   STAGE 6-1   STAGE 7-1

슈퍼 마리오에 등장하는 4가지 아이템은 버섯, 꽃, 별, 1UP 버섯이다. 또한 4개의 스테이지로 이루어진 월드가 8개, 전체 32개의 스테이지로 구성되어 있다. 참으로 기나긴 여정이다. 그럼 여기서 질문이다. 전체 스테이지 중 4가지 아이템이 처음으로 등장하는 지점으로 어디가 가장 적당할까? 다음 2개의 선택지 중에서 고르면 된다. 단, 의외로 어려운 문제이니 주의하길 바란다.

① 게임 초반, 중반, 종반에 분산하여 등장시킨다.
② 4가지 아이템 모두 첫 스테이지에 집중시킨다.

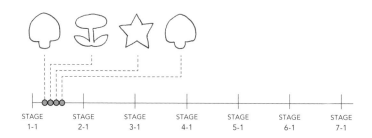

② 첫 스테이지에 집중시킨다

초두효과를 활용해보자

의외로 답은 두 번째, '첫 스테이지에 집중시킨다'이다. 불합리한 디자인처럼 보이지만 여기에는 합당한 이유가 있다. 학습심리학 중에는 '초두효과'라는 용어가 있는데, 시간을 들여 무언가를 배울 때 체험 초반에 집중력과 학습 효율이 높아지는 것을 말한다. 슈퍼 마리오는 확실히 학습해야 할 4가지 아이템을 플레이어의 집중력이 높은 가장 초반에 집중시켜 복잡함과 난해함을 없앤 것이다.

비슷한 예로, 슈퍼 마리오 게임을 해본 적이 있는 사람들이 슈퍼 마리오와 관련된 추억에 대해 이야기할 때 가장 자주 등장하는 적은 누구일까? 숙적이자 보스인 쿠파와 비슷한 비율로 최약체인 쿠리보가 등장한다. 여기서 플레이어의 집중력이 높은 게임 개시 직후에 등장하는 쿠리보가 게임 종반에 등장하는 쿠파보다 높은 집중력으로 학습되었음을 추측할 수 있다. 이처럼 쿠리보는 가장 약한 적이지만 가장 중요한 적이기도 하다. 이것은 게임 개발 일화에서도 엿볼 수 있다.

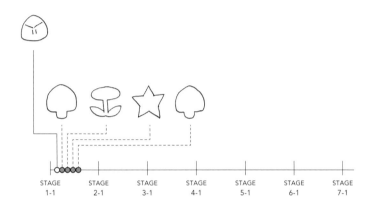

STAGE 1-1　　STAGE 2-1　　STAGE 3-1　　STAGE 4-1　　STAGE 5-1　　STAGE 6-1　　STAGE 7-1

초두효과가 나타나는 동안에 학습시킨다

막판에 탄생한 쿠리보

이 게임의 디자이너는 세계적으로 유명한 게임 디자인계의 일인자, 닌텐도의 미야모토 시게루다. 그리고 그가 슈퍼 마리오 개발 마지막 단계에 만든 캐릭터가 바로 쿠리보다. 쿠리보가 탄생하기 전, 최약체 적이었던 캐릭터는 '노코노코'라는 이름을 가진 거북이 캐릭터였다. 노코노코를 쓰러뜨리는 방법은 쿠리보와 마찬가지로 그냥 밟는 것이었는데, 쓰러지고 나면 등딱지가 남는 방식이었다. 이 등딱지를 걷어차면 무기가 되지만 튕겨져 날아온 등딱지에 맞으면 마리오가 당하게 되는 복잡한 성격을 지니고 있었다.

그래서 개발 막판에 만들어진 것이 한번 밟으면 깔끔하게 사라지는 단순한 적, 쿠리보다. 심지어 쿠리보에게는 이 게임의 가장 중요한 룰인 '오른쪽으로 가는 것'을 전달하는 매우 막중한 커뮤니케이션 임무까지 맡겨졌다. 쿠리보가 오랫동안 강렬하게 기억에 남는 것도 납득이 간다. 단지 밟혀 죽기 위해 태어난 쿠리보, 비단 쿠리보뿐 아니라 게임에 등장하는 모든 적은 플레이어에게 지기 위해 존재한다고 할 수 있다.

- 사장님이 묻다 'New 슈퍼 마리오 브라더스 Wii' 내용을 참고하였다.
  (https://www.nintendo.co.jp/wii/interview/smnj/vol2/index5.html)

또 하나의 직감

게임은 플레이어의 도약을 위한 발판으로 가득 차 있고 학습의 기회로 채워져 있다. 그래서 게임은 아이들에게 인기가 많다. 아이들이야말로 모든 세대 중에서 가장 강력하게 학습의 체험을 원하기 때문이다. 새로운 것에 대한 흥미를 갖고, 실패도 마다하지 않으며 도전하여 배움을 탐하는 어린이들이 게임을 좋아하는 것은 게임이 학습 체험을 만들어내는 데 성공했다는 가장 확실한 증거라고 할 수 있을 것이다. 특히 슈퍼 마리오라는 게임은 문자를 전혀 사용하지 않고 남녀노소, 전 세계 어느 나라 사람이든 직감적으로 배워나가는 체험을 만들어낸 훌륭한 사례다. 전 세계 사람들이 즐겁게 학습하며 같은 방향으로 나아가는 것, 마치 세계 평화 같은 모습이 그려지는 것은 나뿐인가?

여기서 조금 다른 접근 방식으로 어포던스를 만들어낸 또 하나의 예를 살펴보자. 다음은 슈퍼 마리오와 함께 닌텐도를 대표하는 게임 '젤다의 전설' 시리즈 중 '젤다의 전설 시간의 오카리나(1998, 닌텐도)'에 등장하는 한 장면이다.

주인공 링크는 깊은 구멍을 빠져나온 끝에 펼쳐진 동굴 안에서 앞으로 나아가지 못하고 난처해하고 있다. 앞으로 나아가기 위해 지나야 하는 문은 거대한 거미집으로 가로막혀 있다. 지니고 있던 검으로 시험 삼아 거미집을 끊어보지만 말라서 딱딱해졌는지 탕탕 소리를 내며 검을 튕겨낸다. 이번에는 모험하면서 손에 넣은 나무 막대기로 시도해보지만 역시나 거미집은 꿈적도 하지 않는다. 링크는 덩그러니 홀로 서 있는 횃불 대의 불꽃에 의지하며 이러지도 저러지도 못하고 우두커니 서 있다.

그럼 여기서 문제다. 이 막다른 상황에서 앞으로 나아가기 위해서는 어떻게 해야 할까? 방법을 생각해보자. 힌트가 있다. 실은 이 장면 전에 플레이어는 어떤 장치를 맞닥뜨렸는데, 바닥의 스위치를 밟으면 횃불 대에 불이 붙어 횃불 대를 뒤덮고 있던 거미집이 타들어 가는 장치다. 그러고 보니 링크는 검 말고도 나무 막대기를 가지고 있다.

진로를 방해하는 거미집

전달을 포기한 메시지

문제가 조금 까다로웠는데, 답은 '막대기에 불을 붙여 거미집을 태워버린다'이다. 이 문제를 풀었다면 아주 예리하다고 할 만하다. 플레이어는 '거미집이 방해된다', '나무 막대기를 가지고 있다', '횃불 대에 불이 붙어 있다' 등 각각의 정보를 분명히 파악하고 있었다. 하지만 이 정보들을 조합하는 것은 어렵다. 그렇기 때문에 시험 삼아 나무 막대기를 횃불 대에 가까이 가져갔는데 불이 붙었을 때, 그리고 거미집을 태워버렸을 때의 기쁨이 더 커지는 것이다.

이러한 체험을 디자인하기 위해 디자이너가 한 일은 무엇일까? '거미집 너머에 문이 있다', '막대기의 재질은 나무다', '거미집은 검으로 끊어지지 않는다' 등의 정보가 명확하게 드러나도록 세심하게 외형과 소리를 디자인한 것이다. 무엇보다 이러한 정보는 퍼즐을 완성하는 조각이기 때문에 전달에 실수가 용납되지 않는다. 반대로 디자이너가 전달을 포기했고, 모든 플레이어가 틀림없이 알고 있음을 믿어 의심치 않은 것도 있다. 그것은 플레이어 누구나, 모든 사람이 알고 있는 '나무는 탄다'는 사실이다.

거미집은 검이나 막대기로 찢어지지 않는다

불을 붙인 막대기로 거미집을 태운다

플레이어의 기억

만약 나무가 탄다는 사실을 모르는 사람들이라면 이 게임은 플레이되지 못했을 것이다. 다시 말해, 모든 플레이어가 가진 '기억'이 무엇인지만 파악하면 그 기억을 바탕으로 체험을 디자인할 수 있다는 것이다. 플레이어의 기억, 이는 플레이어 각자가 인생을 살아가며 열심히 학습해온 결과물이다. 마치 큰 나무처럼 우거진 플레이어의 기억이라는 가지와 잎에 접붙이기하듯 직감 디자인은 새로운 직감적 학습을 연결한다. 그래서 플레이어는 수수께끼를 푼 순간, 마치 자신이 지금까지 살아온 인생을 인정받은 것 같이 느낄지도 모른다. 게임이라는 것은 한마디로 '내가 이렇게 똑똑하다니, 대단해!'라는 생각을 플레이어가 할 수 있도록 만들어주는 것이다.

한편, 지금까지 우리는 슈퍼 마리오와 젤다의 전설 디자인 사례를 직감 디자인 중심으로 살펴보았다. 그런데 직감 디자인의 원동력은 슈퍼 마리오와 젤다의 전설이 크게 다르다.

'나무는 탄다'라는 기억

'나무는 탄다'라는 기억 없이 디자인은 성립되지 않는다

실현해주는 플레이어

지금부터 마리오와 젤다가 각각 직감을 만들어내는 원동력을 정리해보자. 마리오는 사람들의 공통된 생각과 마음을 이용하고 있고, 젤다는 사람들의 공통된 기억을 이용하고 있다. 이 2가지 다른 접근 방식의 공통점은 인간에 대한 이해가 필요하다는 점이다. 우리 인간이 어떤 공통적 성질을 가지고 있는지, 어떤 공통적 기억을 가지고 있는지를 모르면 체험을 디자인할 수 없는 것이다.

체험을 디자인하는 디자이너가 자신의 감성과 기억에만 의존한다면 절대 좋은 체험을 제공할 수 없다. 많은 사람들이 즐길 수 있는 대중적인 체험을 디자인하고 싶다면 플레이어가 어떠한 생각과 마음인지, 어떤 기억을 가지고 있는지, 어디까지나 플레이어를 중심으로 생각하고 디자인해야 한다. 그렇다면 반대로 플레이어를 중심으로 생각하지 않은 디자인은 어떨까?

디자이너의 에고이즘

플레이어를 고려하지 않고 '일반적으로 이런 게 좋다', '상식적으로 이게 맞다'고 '좋음/옳음'을 내세우는 디자인, 이것이 바로 디자이너에게 최대의 덫이다. 아무리 명작 게임이라 해도 플레이어는 실제로 체험하기 전까지는 흥미를 느낄 수 없기 때문이다. 재미를 느끼게 하려면 먼저 플레이어가 게임 방법을 '알기'까지 그를 이끌어가야 한다. 다시 말해 '알게 하는 것'이 '좋음/옳음'보다 중요하다.

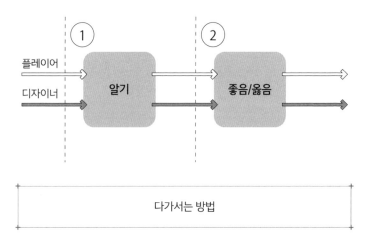

한편, 비즈니스 현장에서는 '플레이어(고객)에게 다가서라' 라는 표현이 자주 등장한다. 얼핏 들으면 당연한 주장 같지만 구체적으로 어떻게 해야 플레이어에게 다가설 수 있는지가 여전히 문제다. 이 문제에 대해서는 다음과 같은 해답을 내놓으려고 한다.

플레이어에게 다가가려면 그들이 거치는 '알기→좋음/옳음'의 체험 과정에 맞춰 우선순위를 정해야 한다. 상품이나 서비스의 '좋음/옳음'을 전달하기에 앞서 상품, 서비스와 관계 맺는 방법을 직감적으로 '아는 것'을 우선시할 것, 이것이 바로 플레이어에게 다가서는 본질이라고 할 수 있다.

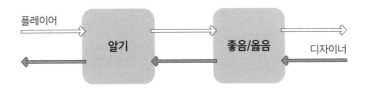

다가서지 못하는 잘못된 방법

직감하는 체험 그 자체

책의 첫 부분에서 이런 질문을 던졌었다.

'사람들은 왜 게임을 하는가?'

뭔가 철학적으로도 울림이 있는 이 질문에 이 책이 내놓은 답은 다음과 같다.

'게임 자체가 재밌어서가 아니라, 플레이어 스스로가 직감하는 체험 그 자체가 재밌으니까.'

우리의 뇌는 언제나 이 세계를 이해하고 싶어 한다. 뇌가 게임을 좋아하는 이유는 게임이 '직감적 이해'라는 체험을 가져다주기 때문이며 이는 플레이어에게 다가선 체험 디자인의 결과라고 할 수 있다. 그 체험의 근간이 바로 '직감 디자인'이다. 그러나 실은 직감 디자인에도 약점이 있다. 다음 장에서는 직감 디자인과 표리일체가 되어 서로를 보완하는 체험 디자인인 '놀람 디자인'에 대해 살펴보려고 한다.

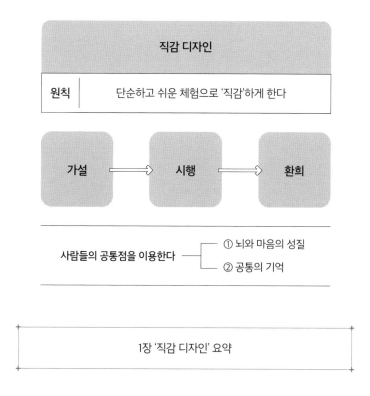

직감 디자인	
원칙	단순하고 쉬운 체험으로 '직감'하게 한다

가설 ⇒ 시행 ⇒ 환희

사람들의 공통점을 이용한다 ── ① 뇌와 마음의 성질
　　　　　　　　　　　　　── ② 공통의 기억

1장 '직감 디자인' 요약

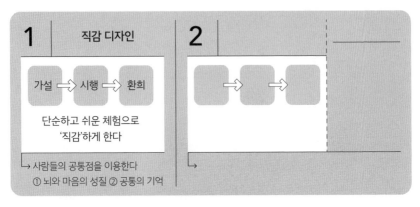

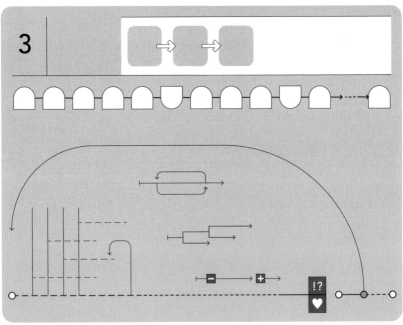

직감 디자인

2장

놀람 디자인

왜 나도 모르게
'푹 빠지게' 되는 걸까?

졸린 눈 비벼가며 '나도 모르게' 밤마다 하게 되는 게임은? 이런 종류의 설문조사에서 언제나 1위를 차지하는 게임은 1장에서 분석한 슈퍼 마리오와 함께 일본을 대표하는 게임, 불후의 명작 '드래곤 퀘스트' 시리즈다. 책에서는 편의상 '드퀘'라고 부르겠다.

드퀘는 플레이어가 완전히 이야기의 주인공이 되어 즐기는 롤플레잉 게임의 대표주자로, 누구나 즐길 수 있는 친밀함이 인기 요인이다. 그런데 잘 들여다보면 게임 화면이 문자와 숫자로만 되어 있는 것을 발견할 수 있다. 전문 용어나 독특한 룰이 난무하는 복잡한 게임처럼 보이기도 한다. 이러한 복잡성에도 불구하고 사람들이 졸음을 참으면서까지 드퀘를 계속할 수 있는 이유는 무엇일까? 그 비밀은 실로 의도적이고 계획적인 체험 디자인에 있다.

드래곤 퀘스트·Ⅱ·Ⅲ·Ⅳ•

- DRAGON QUEST, Ⅱ, Ⅲ, Ⅳ
  1986 ENIX, 1987 ENIX, 1988 ENIX, 1990 ENIX

게임의 교과서

드퀘 시즌 1~4(가독성을 위해 아라비아 숫자로 표기)를 소재로 2장의 주제인 '놀람 디자인'을 살펴보려고 한다. 먼저 직감 디자인을 복습하는 의미에서 드퀘 1의 도입부를 분석해보자.

드퀘를 할 때 반드시 이해해야 하는 것이 화면 우측 위에 나열된 8개의 '커맨드command'다. 커맨드는 플레이어가 주인공에게 내리는 명령 또는 지휘를 의미한다. 디자이너는 게임이 시작된 직후에 무엇보다 우선하여 이 커맨드를 이해시키기 위한 직감 디자인을 구사한다.

주인공 용자는 왕에게 용왕을 타도하라는 명령을 받고 길을 떠나려는데, 방 밖으로 나가려고 해도 문이 잠겨 나가지 못한다. 아무리 방안을 맴돌아봤자 게임은 전혀 진행되지 않는다. 시험 삼아 A 버튼을 눌렀더니 커맨드 알람이 표시되며 '말하기' 글자 위에 커서가 점멸한다. 눈앞에는 아무 말 없이 서 있는 병사가 나타난다. 플레이어는 곧바로 '나가는 방법은 병사가 알려줄 것'이라고 했던 왕의 말이 떠오른다.

'드래곤 퀘스트' 도입부

왕의 방에서 나가기까지

이러한 정보를 통해 플레이어는 자연스럽게 병사에게 '말하기' 커맨드를 사용해 봐야겠다는 가설을 세우고, 이를 시행하여 마지막에는 환희에 이르게 된다. '말하기' 커맨드와 마찬가지로 플레이어는 지금 있는 장소를 '조사하기', 보물 상자 안의 열쇠를 '취하기', 열쇠로 '문' 열기, '계단' 오르내리기 등의 커맨드를 사용할 수 있다. 한 번에 5개의 커맨드 사용법과 효과를 이해해야만 왕의 방에서 나갈 수 있는 디자인이다. 이렇게 구성된 이유는 초두효과를 활용하여 효율적으로 룰을 전달하기 위해서다. 왕의 방인데도 밖에 열쇠가 걸려 있는 억지스러운 디자인까지, 모든 것은 직감적으로 룰을 이해시키기 위해 존재한다.

이처럼 완벽하게 계산된 디자인을 보여주는 드퀘는 '게임의 교과서'라고도 불린다. '드래곤을 쓰러뜨리기 위해 떠나는 모험'이라는 시나리오도 대단히 정석적이다. 이렇듯 교과서적이고 정석적인 게임인 드퀘이지만 여기에는 엄청나게 비교과서적인 요소가 등장한다.

게임 도입부에서 5개의 커맨드를 사용하게 만든다

"이리 와, 꼬마야. 50 골드 주면 부비부비●
해줄게."

부비부비

● 여성의 가슴 사이에 얼굴을 파묻는 행위를 말하는 것으로, 게임의 한국어판에 따라 '부비부
비'로 번역함–옮긴이

놀람 디자인

모험 이야기에 등장하는 뜻밖의 '부비부비'

많은 플레이어들, 특히 소년들의 마음을 사로잡은 연출은 바로 '부비부비'다. 드퀘 시즌 1~4에 부비부비가 등장하는 장면만 따로 정리해보았다.

> **드퀘 1** "이리와, 꼬마야. 50골드 주면 부비부비해줄게."
> **드퀘 2** "아잉, 나 귀엽지? 부비부비 안 할래?"
> **드퀘 3** "어머머, 멋진 오빠. 아잉, 부비부비하자."
> **드퀘 4** "어? 여기가 부비부비 방? 으흐흐, 비밀이야."

부비부비 자체에 대한 자세한 설명은 없지만 대충 이해가 될 것이다. 다시 말하지만 드퀘는 선한 용자가 악을 물리치는 모험 이야기이며 기본적으로 진지한 게임이다. 이런 게임에 굳이 부비부비라는 성적인 요소를 집어넣은 디자이너는 무슨 생각이었던 걸까? 디자이너가 부비부비를 등장시키겠다는 판단을 내린 이상 거기에는 무언가 이유가 있었을 것이다.

왜 부비부비는 게임에 삽입되어야 했을까?

언뜻 보면 시시한 질문 같지만 실은 어려운 문제다. 여기서 1장을 떠올려 해결의 실마리를 찾아보자. 1장에서는 쿠리보 등장 전후 플레이어의 기분을 추측하는 부분에서 돌파구가 열렸다. 그렇다면 우선 부비부비 등장까지의 흐름을 간단히 정리해보자.

> **드퀘 1** 처음으로 다리를 건너고 강력한 몬스터와의 전투를 통과한 후 마을에서 등장
>
> **드퀘 2** 처음으로 3명의 동료가 도전하는 던전을 클리어한 후 마을에서 등장
>
> **드퀘 3** 첫 강적 '칸다타'를 물리친 후 찾아간 마을에서 등장
>
> **드퀘 4** 처음으로 여성 캐릭터만으로 모험하는 장면, 길을 떠난 밤의 마을에서 등장

무언가 느껴지는가? 더욱 명확한 이미지를 떠올릴 수 있도록 드퀘 1의 사례를 좀 더 구체적으로 살펴보자.

"이리 와, 꼬마야.
50 골드 주면 부비부비해줄게."

왜 부비부비인가?

직감 디자인의 결점

플레이어는 드퀘 1 도입부에서 8개의 커맨드 중 5개를 학습하여 간신히 왕의 방에서 탈출했다. 이후로도 게임은 학습할 것 천지다. 2개의 마을과 2개의 동굴, 2개의 다리를 넘은 신대륙의 끝에서 부비부비가 등장하는데, 그곳에 이르기까지의 여정이 매우 험난한 것이다. 남은 3개의 커맨드인 세기, 도구, 주문을 구사해야만 돌파할 수 있다.

원래는 검만 다룰 수 있었던 용자도 여기에 이르러 비로소 도구와 마법을 활용하여 모험하는 용자로 성장하면서 게임은 제법 그럴듯한 '검과 마법의 모험 이야기'로 거듭난다. 용자의 성장… 참으로 바람직하다. 하지만 플레이어는 지금껏 커맨드의 사용법, 전략 세우기 등 전문 지식을 끝없이 배우기만 했다. 비유하자면 쉬는 시간 없이 종일 공부만 한 것이나 마찬가지다. 이런 경우에는 어쩔 수 없이 피로와 싫증이 찾아오기 마련이다. 피로와 싫증, 이것이 바로 직감 디자인의 치명적인 결점이다.

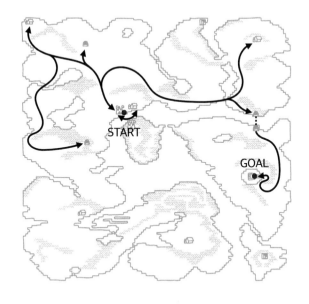

시작점에서 '부비부비'까지의 여정

직감 디자인의 연속과 쌓이는 피로

직감 디자인에 포함된 '가설→시행→환희'의 3가지 체험 중 가설과 시행 체험은 플레이어에게 스트레스를 준다. 가설의 옳고 그름을 알 수 없다는 불안, 가설에 불과한 것을 실제로 시도하는 데 대한 불안이 크다. 다시 말해 직감 디자인을 체험하는 플레이어는 '불안→환희'로 움직인다. 이러한 직감 디자인이 반복될 때 플레이어의 마음도 불안과 환희를 반복하게 되고, 불안과 환희의 반복은 플레이어를 지치게 한다.

게다가 아무리 잘 만들어진 직감 디자인이라도 몇 번이나 비슷한 체험을 계속하면 플레이어는 싫증을 낸다. 이런 경우는 피할 수도 없다. 뇌에 동일한 자극이 여러 번 반복됐을 때 점차 반응이 약해지는 것은 당연하기 때문이다. 심리학에서는 '심적 포화' 또는 '심적 순화'라고 부르는 이 개념의 과학적 메커니즘에 대한 규명까지 이루어지고 있다. 이처럼 드퀘는 숙명적으로 학습해야 하는 내용이 많은 게임이다. 그렇기 때문에 피로와 싫증에 적절히 대처해야 했다. 그래서 고안한 대처법이 바로 부비부비였던 것이다.

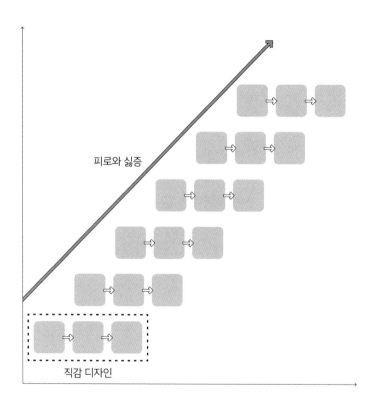

피로와 싫증

직감 디자인

직감 디자인의 연속은 피로와 싫증을 초래한다

피로와 싫증을 불식시키기 위한 디자인

혹시나 하는 마음에 말해둔다. 플레이어에게 피로와 싫증이 축적된다고 해서 절대로 드퀘의 게임 디자인에 결함이 있음을 지적하는 것은 아니다. 오히려 그 반대다. 플레이어가 수많은 직감 디자인을 적절히 통과했기 때문에 피로와 싫증에도 불구하고 플레이를 하고 있는 것이라고 분석할 수 있다. '계속 게임 하고 싶은데 졸려!' 플레이어가 때때로 이런 얄궂은 상황에 빠지는 것도 의욕은 충분한데 피로와 싫증이 심신에 쌓여버렸다는 증거다.

직감 디자인을 통한 반복적인 학습을 멈추고 피로와 싫증에서 벗어나게 해주는 체험 디자인. 디자이너는 결코 음담패설이 하고 싶어서 게임에 부비부비를 집어넣은 것이 아니다. 그 증거가 바로 부비부비의 등장 타이밍이다.

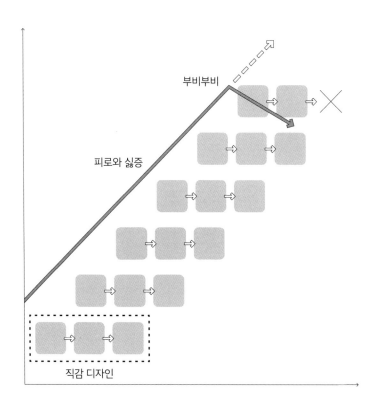

부비부비

피로와 싫증

직감 디자인

'부비부비'의 역할은 피로와 싫증을 불식시키는 것

정교한 놀람 디자인

드퀘 1에서는 플레이어가 모든 커맨드를 학습한 후, 드퀘 2에서는 동료 셋이 함께 처음으로 도전하는 던전 후, 드퀘 3에서는 첫 강적을 물리친 후, 드퀘 4에서는 가냘픈 2명의 여성 캐릭터만이 모험에 지쳐 밤의 마을로 도망쳐 돌아왔을 때, 그때 비로소 부비부비가 등장한다. 디자이너가 얼마나 세심한 주의를 기울여 타이밍을 가늠했는지 알 수 있다.

다시 말해, 부비부비는 특정한 심리 상태에서만 효과를 발휘한다. 아무 때나 성적인 얘기를 꺼내봤자 그냥 저속하기만 할 뿐이다. 진지한 모험 이야기라는 세계관이 분명하고, 플레이어도 그 세계관 안에 빠져 있는 상황이기 때문에 비로소 부비부비는 적절한 시점에 마음을 사로잡는 것이다. 다시 말해, 플레이어가 '부비부비 같은 말은 나올 리가 없다'는 생각을 할 때 비로소 부비부비는 제 역할을 수행할 수 있는 것이다. 예상 밖의 것이 눈앞에 나타났을 때 우리의 마음은 피로와 싫증을 훌훌 털어버리고 흥분 상태가 된다. 즉, 부비부비의 본질은 '예상이 빗나가는 체험'에 있다.

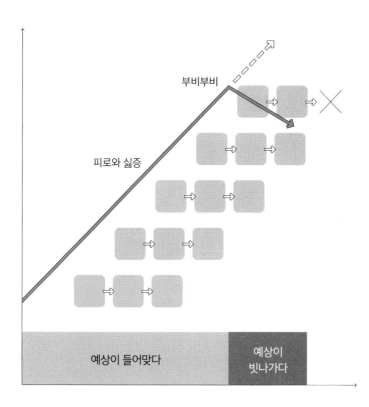

부비부비

피로와 싫증

예상이 들어맞다

예상이
빗나가다

'예상이 들어맞는 상황'과 '예상이 빗나가는 상황'

플레이어의 예상을 벗어나는 디자인

우리 뇌는 스스로를 지키기 위해 미래를 예상하려 하고, 예상의 정확도를 높이기 위해 열심히 이 세계의 움직임을 학습한다. 그래서 예상이 적중한 뇌는 '미래에 다가올 죽음의 위험도 틀림없이 예상할 수 있어, 목숨을 지킬 수 있어! 다행이다!'라고 말하기라도 하듯 흥분 물질을 만들어내며 기뻐한다. 그러나 계속해서 예상이 들어맞으면 뇌는 '이제 충분히 미래를 예상할 수 있으니 더 이상 학습할 필요 없어'라고 생각하기도 한다. 이때가 바로 '예상이 빗나가는 체험'이 등장할 차례다. 예상을 벗어난 체험을 한 뇌는 '미래를 조금도 모르겠어. 죽음의 위험도 피할 수 없을지 몰라!'라는 위기감을 안고 이 세계를 학습하려는 기능을 다시 활성화한다.

피로와 싫증으로 약해진 뇌의 학습 기능을 활성화하기 위해 뇌의 예상을 벗어나는 체험을 의도적으로 가미하는 것이다. 장시간의 체험을 디자인할 때 아주 중요한 테크닉이다. 이러한 '예상이 빗나가는' 체험을 직감 디자인과 마찬가지로 모형으로 정리하기 전에 놀람 디자인 설계 시에 고려해야 할 2가지 포인트를 소개한다.

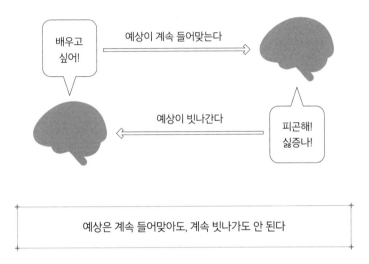

예상은 계속 들어맞아도, 계속 빗나가도 안 된다

잘못된 확신을 심어라

첫 번째는 플레이어의 예상을 빗나가게 하려면 먼저 플레이어가 확고한 예상, 심지어 틀린 예상을 하게끔 만들어야 한다는 점이다. 드퀘의 경우, 게임이 시작된 초반부터 차분히 시간을 들여 '이 게임은 진지하다'는 확신을 갖게 함으로써 결과적으로 플레이어를 속인다.

솔직하게 답해보자. 당신은 사람을 감쪽같이 속일 수 있는가? 플레이어의 피로와 싫증을 걷어내기 위해서라지만 의도적이고 계획적으로 사람을 속인다는 것은 상당히 어려운 일이다. 친절하고 선량한 디자이너일수록 소극적일 수 있지만 그 점은 안심해도 된다. 부비부비와 조우한 플레이어 중 누구 한 명도 '속았다!'며 화를 내지는 않을 것이다. 그들은 오히려 기뻐할 것이다. 그러니 아무쪼록 안심하고 '이 게임은 ○○이야'라는 거짓말로 부지런히 플레이어를 속이기 바란다.

두 번째 포인트를 설명하기 전에 다시 한번 부비부비를 떠올려보자. 부비부비가 예상 밖에 허를 찌른다는 것은 그렇다 치더라도 근본적인 의문이 하나 남는다.

놀람 디자인

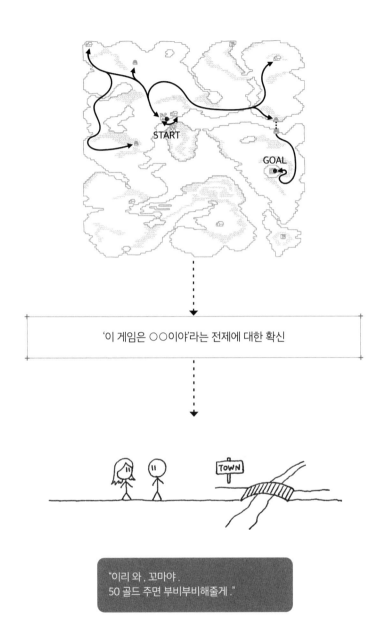

'이 게임은 ○○이야'라는 전제에 대한 확신

TOWN

"이리 와, 꼬마야.
50 골드 주면 부비부비해줄게."

평온한 일상이 계속될 것이라는 확신

그런데 플레이어의 예상만 빗나가게 하려던 것이면 굳이 성적인 연출이 아니어도 되지 않은가? 다른 연출을 생각할 수 있었음에도 불구하고 디자이너는 굳이 성적인 연출을 의도적으로 선택했다. 그 이유는 무엇일까?

가끔 게임으로 일상의 특별한 재미를 즐기는 우리도 대개는 평온한 일상을 보낸다. 학교나 직장에서는 온전히 사교적인 사람이 되어 도덕적으로 생활한다. 이런 평온한 일상에서 갑자기 누군가가 "이리 와, 꼬마야. 부비부비 안 할래?"라고 말을 걸어온다면 그거야말로 놀랄 만한 일일 것이다.

평온한 일상에서 등장해서는 안 되는 것, 그것을 우리는 '터부(금기)'라고 부른다. 이 단어를 빌려 말하자면 우리는 이렇게 확신하고 있다. '일상을 파괴하는 터부는 나의 삶에 절대 등장하지 않아.'

이러한 확신은 체험을 디자인하는 사람 입장에서 보물이 가득한 섬이나 마찬가지다. 터부를 등장시키는 것만으로 플레이어의 예상을 빗나가게 하여 피로와 싫증을 해소할 수 있기 때문이다.

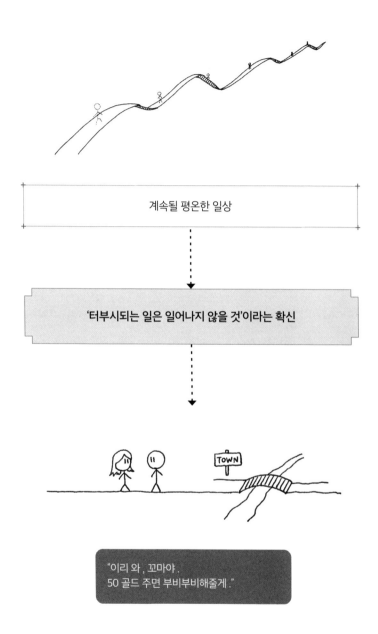

계속될 평온한 일상

'터부시되는 일은 일어나지 않을 것'이라는 확신

"이리 와 , 꼬마야 .
50 골드 주면 부비부비해줄게 ."

2가지 확신

그럼 여기서 지금까지의 논의를 정리해보자. 플레이어의 예상을 빗나가게 할 때 고려해야 할 2가지 확신이 있다.

1. 전제에 대한 확신→'이 게임은 ○○이야'
2. 일상에 대한 확신→'터부시되는 일은 일어나지 않을 거야'

이 2가지 확신을 의도적으로 배신하는 것, 이것이 디자이너가 취해야 할 전략이다. 그리고 이 2가지 확신을 완벽하게 이용하고 있는 것이 부비부비다. 그래서 부비부비는 드퀘의 팬이라면 누구나 알고 있을 정도로 인상적인 연출이다. 힘든 모험, 학습의 연속 끝에 비일상적이면서 예상을 빗나가는 일이 일어나는데, 이렇게 선명하고 강렬한 체험은 사람들의 마음을 움직이고 나아가서는 피로와 싫증을 해소하여 사람들이 '나도 모르게' 푹 빠지는 체험을 하게끔 만든다. 이외에도 드퀘는 이 2가지 확신을 활용하여 플레이어의 예상을 빗나가게 하는 디자인의 보고다. 몇 가지 놀라운 연출 사례를 더 살펴보자.

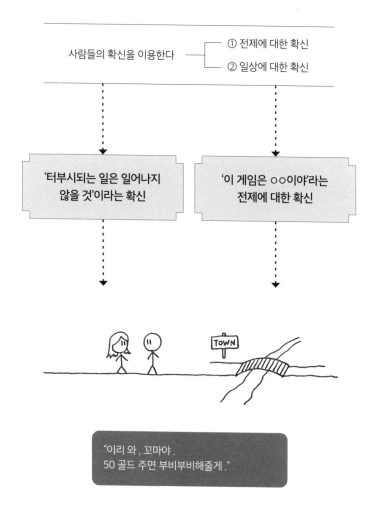

사람들의 확신을 이용한다 ─┬─ ① 전제에 대한 확신
　　　　　　　　　　　　　└─ ② 일상에 대한 확신

'터부시되는 일은 일어나지
않을 것'이라는 확신

'이 게임은 ○○이야'라는
전제에 대한 확신

TOWN

"이리 와, 꼬마야.
50 골드 주면 부비부비해줄게."

드퀘의 놀라운 체험 디자인

갑작스럽겠지만 다음 질문의 답을 생각해보자.

1. 드퀘 1에서 모든 악의 근원 '용왕'을 물리치기 위한 모험도 어느덧 막바지에 이르렀다. 간신히 용왕이 있는 곳에 도달한 플레이어에게 용왕이 던진 한마디는 플레이어를 놀라게 했다. 그 놀라운 한마디는 과연 무엇일까?

2. 드퀘 2에서 중요한 아이템을 가진 도적이 잡혀 있는 감옥으로 향했으나 그는 이미 탈주한 상황이다. 전 세계를 누비며 열심히 도적을 찾은 플레이어를 놀라게 한 그의 진짜 거처는 과연 어디일까?

3. 드퀘 3의 종반, 플레이어는 이세계異世界로 떠난다. 마침내 이세계를 만난 플레이어는 경악하는데, 도대체 어떤 세계였기 때문일까?

놀람 디자인

드퀘 3의 세계

드퀘 3의 세계에서 이세계로 떠나면…

비교과서적인 것이 가장 교과서적인 것

답은 다음과 같다.

1. 용왕에게 '우리 편이 되면 세계의 반을 주겠다'는 솔깃한 제안을 받았다.
2. 도망갔어야 할 도적이 감옥 안에 숨어 있었다.
3. 드퀘 3의 세계에서 나와 들어간 이세계는 드퀘 1의 세계였다.

　드퀘는 일반적으로 '정석적이고 교과서적'이라고 평가되지만 실은 정반대다. '플레이어를 철저하게 배신하는 과격하고 비교과서적인 게임'이 드퀘에 대한 정확한 평가라고 할 수 있다. 비교과서적인 디자인을 이루고 있다는 점이 바로 교과서적인 것이다. 많은 전문 용어와 복잡한 시스템, 숫자와 문자만으로 이루어진 드퀘가 속한 롤플레잉 게임 장르가 안고 있는 문제는 비교과서적이고 놀라움으로 가득한 체험을 통해 완전히 불식되었다. 이러한 놀라움을 만들어내는 체험 디자인을 지금부터는 '놀람 디자인'이라고 부르기로 하자.

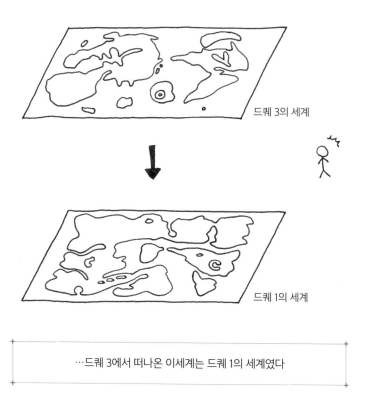

드퀘 3의 세계

드퀘 1의 세계

···드퀘 3에서 떠나온 이세계는 드퀘 1의 세계였다

놀람 디자인의 구조

1. 오해: 틀린 가설을 세운다. 단, 플레이어는 가설이 옳다고 확신하고 있다.

2. 시행: 시험 삼아 행동으로 옮긴다. 단, 플레이어는 가설이 옳다고 확신하고 있다.

3. 경악: 놀란다. 여기서 플레이어는 처음으로 가설, 시행이 오류였음을 깨닫는다.

오해하고, 시행하고, 예상 밖의 결말에 놀라게 된다. 이러한 일련의 체험을 통해 플레이어에게 놀라움을 주는 것이 바로 '놀람 디자인'이다. 직감 디자인의 연속으로 피로와 싫증이 쌓인 플레이어에게 적용함으로써 피로와 싫증을 떨쳐내고 보다 장시간의 체험을 가져다주기 위해 활용하는 방법이다. 이 디자인을 설계하려면 세밀하게 정성을 들여 계획적으로 생각해야 한다. 순서는 이렇다(미리 말하지만 꽤 번거로운 과정을 거쳐야 한다).

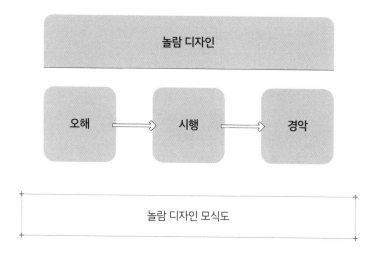

놀람 디자인 모식도

터부의 모티프 사용법

1. 피로와 싫증이 나타나는 타이밍 파악하기

드퀘에서 '8개의 커맨드 학습을 완료했을 때'처럼 피로와 싫증이 정점에 달하는 타이밍에 주목한다.

2. 사전에 오해로 이끄는 세계관 구축하기

'이 게임은 진지하다'는 오해를 사기 위해 차분히 시간을 들여 잘못된 세계관을 학습시키고 오해하게 한다.

3. 확신을 배신하는 연출 디자인하기

'이 게임은 OO이야', '터부시되는 일은 일어나지 않을 거야'라는 2가지 확신을 동시에 배신하는 연출을 한다.

이렇게 해서 드디어 효과적인 부비부비가 완성되는데, 솔직히 상당히 어려운 작업이다. 게다가 이렇게까지 손이 많이 가는 놀람 디자인은 하나의 게임 안에서도 쉽게 실현할 수 있는 것이 아니다.

예를 들어, 이 책을 처음으로 읽었을 때라면 부비부비의 등장에 놀랐겠지만 다시 읽을 때는 '아, 그 부비부비' 하며 흘려들을 뿐 다시 놀라지는 않을 것이기 때문이다. 애초에 '전제에 대한 확신'이라는 부분에서 오해를 만들려면 오랜 시간을 들여 계속해서 거짓을 전달해야 한다. 전제에 대한 확신을 몇 번이고 계속해서 배신하는 것은 워낙에 어려운 일이라고 할 수 있다. 하지만 이러한 상황에서도 플레이어에게 피로와 싫증은 쌓여간다. 어떻게든 좀 더 손쉽게 놀람 디자인을 실현할 수 있으면 좋을 텐데 말이다.

여기서 효과적인 것이 전제에 대한 확신을 뒤집는 일을 멈추고, 일상에 대한 확신을 깨는 '터부의 모티프'만으로 놀라움을 주는 접근 방식이다. 놀라움은 줄어들지만 피로와 싫증을 경감시키는 효과는 확실하다. 이 책에서는 대표적인 터부의 모티프를 10가지로 정리했다. 함께 살펴보자.

1. 성性의 모티프

육체 / 건강미 / 연애 / 혼인
성기 / 성행위 / 출산 /
아기 / 번식

설레는 느낌

음란한 느낌

2. 식食의 모티프

먹을 것 / 마실 것 / 먹는 행위
마시는 행위 / 요리 / 식재료 가공
음식과 요리 냄새 / 소리 / 시즐감
수확과 사냥 / 굶주림

먹음직스러운 느낌

허기진 느낌

3. 득실의 모티프

돈 / 재물 / 돈 / 재물 증감 / 부자
가난 / 경쟁 / 승부 / 증여 / 교환
선망 / 질투

돈을 탐하는 느낌

잃기 싫은 느낌

4. 승인의 모티프

동료 / 우정 / 가족 / 혈연 / 회고
유행 / 공감 / 역할 / 직업 / 직함
국가 / 계급 / 상하관계
자기인정감 / 전능감

인정받은 느낌

소속된 느낌

본능적으로 원하는 터부의 모티프

놀람 디자인

인간이 본능적으로 원하는 것을 그리고 있는가?

먼저 누구나 본능적으로 원하는 긍정적 모티프들이다.

게임 '여명기'에 '탈의 마작'이라는 장르가 있었는데, 컴퓨터 특유의 반복적이고 난이도 높은 마작을 계속할 수 있었던 이유는 다름 아닌 음란한 일러스트 덕분이었다. 이러한 '성의 모티프'와 마찬가지로 우리의 냉정함을 어지럽히는 식, 득실, 승인과 같은 모티프를 체험 끄트머리에 등장시킴으로써 장시간의 체험으로 생긴 피로와 싫증을 누그러뜨릴 수 있다.

이러한 모티프가 등장하시 않는 콘텐츠를 찾는 깃이 훨씬 어려운 일이다. 콘텐츠를 '마지막까지 완전하게 체험하는 것'이 목표인 이상 터부의 모티프는 반드시 필요하다. 만약 당신이 체험을 디자인한다면 단적으로 다음과 같은 지표를 가지는 것이 좋다.

'그 체험은 인간이 본능적으로 원하는 것을 그리고 있는가?'

5. 불결의 모티프

오물 / 배설물 / 썩은 것 / 균 증식
추악함 / 그로테스크한 생명체
비도덕적 행동 / 범죄 / 악 / 악마
악마 둔갑 / 저주

더러운 느낌

죄악감

6. 폭력의 모티프

싸움 / 육체적 폭력 / 살상무기 / 병기
대량살육 / 멸종 / 약탈 / 착취
멸시 / 차별 / 자유 박탈

인정받은 느낌

소속된 느낌

7. 혼란의 모티프

실수 / 잘못 / 모순 / 부조리 / 기억상
실 / 이세계 / 다량의 정보 / 정보 없
음 / 천변지이 / 물리법칙 붕괴
고속의 움직임 / 이상한 크기

잘못된 느낌

아찔한 느낌

8. 죽음의 모티프

피 / 상처 / 죽음 / 절체절명 / 죽음이
가까워진 상황 / 사체 / 좀비 / 장례 /
무덤 / 유령 / 괴이한 존재

죽음에 가까워진 느낌

오컬트

외면하고 싶은 터부의 모티프

놀람 디자인

외면하고 싶은 것을 그리고 있는가?

왼쪽의 것들은 누구나 몹시 싫어하는 부정적 모티프들이다.

게임뿐만 아니라 모든 콘텐츠에서 악역은 빼놓을 수 없다. 악역은 부정으로 가득 차 있고 방약무인하게 폭력을 휘두르며 폭발과 천변지이와 같은 혼란을 일으켜 강렬한 고통과 죽음을 초래한다. 그렇더라도 악역은 꼭두각시에 지나지 않는다. 악역을 조종하여 나쁜 짓을 시키는 장본인, 진짜 악은 바로 악역을 디자인한 디자이너다. 디자이너는 스스로의 인격이 의심받을지도 모른다는 불안감을 버리고 의식적으로 부정적 모티프를 이용해야 한다. 모든 것은 체험 당사자에게 놀라움을 주고, 나아가 체험을 지속시키기 위함이다. 이러한 논의를 체험 디자인의 지표로 정리하면 다음과 같다.

'그 체험은 외면하고 싶은 것을 그리고 있는가?'

더욱 강력한 터부의 모티프

여기까지가 10가지 모티프 중 8가지를 정리한 것이다. 나머지 2가지 모티프는 약간 복잡하기 때문에 사례를 들어 설명하고자 한다.

시리즈의 네 번째 작품인 드퀘 4는 어마어마한 양의 데이터를 사용한 장대한 모험 이야기로, 사회 현상을 불러일으킬 정도로 큰 인기를 끌었다. 플레이어가 조작할 수 있는 캐릭터는 무려 8명이고, 게임은 1장부터 5장까지로 나누어져 있다. 각각의 캐릭터는 최종적으로 용자의 곁에 모여 세계를 구한다.

이렇게 되면 당연히 게임 플레이 시간은 길어질 수밖에 없다. 게임 클리어까지 소요 시간은 평균 20~30시간이다. 플레이어가 이렇게 오랜 시간 게임을 계속하려면 본능적으로 원하는 것이나 외면하고 싶은 모티프를 이따금 꺼내는 것만으로는 부족하다. 오랜 시간 동안 착실하게 모험을 계속하여 쌓인 방대한 피로와 싫증을 달래기 위한 강력한 장치가 필요한 때다.

드퀘 1
평균 클리어 시간 약 10시간

요정의 피리 입수 · 왕녀 구출 · 골렘 격파 · 무지개 물방울 입수 · 용왕 격파

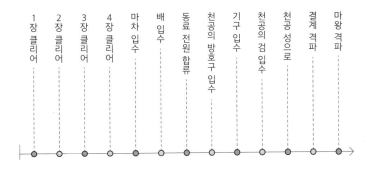

드퀘 4
평균 클리어 시간 약 20~30시간

1장 클리어 · 2장 클리어 · 3장 클리어 · 4장 클리어 · 마차 입수 · 배 입수 · 동료 전원 합류 · 천공의 방호구 입수 · 기구 입수 · 천공의 검 입수 · 천공성으로 · 결계 격파 · 마왕 격파

드퀘 1과 드퀘 4의 평균 클리어 시간

카지노의 역할

여기서 드퀘 4가 도입한 것이 바로 카지노다. 마왕은 여전히 온 갖 무도한 짓으로 사람들을 살육하고 있는데, 마왕을 무찔러 세 계의 평화를 되찾아야 할 용자가 카지노에 죽치고 있다니, 이게 무슨 일인가! 그러나 이것이 드퀘 시리즈의 디자이너가 내린 결 단, 의도적인 체험 디자인이다.

카지노에는 슬롯이나 포커 같은 도박이 나열되어 있고 이 기면 얻을 수 있는 코인으로는 다양하고 강력한 무기와 방호구 를 교환할 수 있다. 지금껏 수많은 몬스터와의 전투를 부지런히 거듭하여 차곡차곡 돈을 모아 무기나 방호구를 구입해온 플레 이어에게 일확천금으로 장비를 제공하는 것이다. 물론 이렇게 되면 착실히 돈을 모아 온 플레이어들이 실망할 수도 있다. 하 지만 그것이 바로 디자이너의 목적이다. 노력을 거듭하고 배우 면서 모험하려는 플레이어의 착실함을 카지노는 의도적으로 빼 앗는다. 이렇게 하지 않으면 결국 플레이어에게 피로와 싫증이 축적되어 최악의 상황이 벌어질지도 모르기 때문이다.

피로와 싫증이 한계를 넘어 플레이어가 게임 자체를 그만 두는 것. 그것이 바로 최악의 상황이다. 따라서 카지노는 일부러 모험을 잠시 멈추게 하기 위해 디자인된 것이다. 그러나 최종적으로는 일시 정지를 해제하고 플레이어가 모험으로 돌아오게 해야 한다. 물론 돌아오게 할 장치도 준비되어 있다. 카지노에서 한바탕 즐기고 나면 플레이어의 손에는 모험에 도움을 주는 장비와 아이템이 남는다. 마음껏 즐긴 후의 개운함에 더해 손에는 강력한 장비와 아이템까지 주어진 것이다. 이런 상황에서 플레이어는 자연스럽게 다시 모험을 떠날 수 있는 것이다.

플레이어에게 무엇을 걸게 하고, 기원하게 하는가?

게임 속 카지노는 플레이어가 마음껏 이기도록 내버려 둔다. 오히려 수상하게 보이지 않을 정도의 확률로 플레이어를 이기는 설정도 해두어 결국에는 기분 좋게 모험을 떠날 수 있도록 배웅해준다. 여기서 키워드는 '확률'이다. 확률의 활용은 카지노에만 한정되지 않는다. 몬스터와의 전투 중, 아주 드물게 등장하는 강력한 공격이 있다.

바로 '회심의 일격'이다. 등장 확률은 높지 않지만 회심의 일격이 나왔을 때의 기분은 이루 말할 수 없이 좋다. 강적에게 압도되어 패배 직전까지 내몰렸어도 회심의 일격만 등장하면 역전이 가능하기 때문이다. 부지런히 싸워 적을 알고 레벨을 높이는 꾸준한 '노력'과 '행운'의 여신. 전투 장면 하나에도 대조적인 요소가 균형 있게 배분되어 피로와 싫증을 씻어준다.

나도 모르게 행운을 바라는 우리의 마음을 게임 업계에서는 '사행심'이라고 부르는 데서 착안해 10가지 모티프 중 아홉 번째 터부의 모티프는 '사행심과 우연의 모티프'라고 부른다. 체험 디자인의 지표는 '그 체험은 플레이어에게 무엇을 걸게 하고, 기원하게 하는가?'로 삼아도 될 것이다.

놀람 디자인

9. 사행심과 우연의 모티프

도박 / 뽑기 / 행운 기원
/ 우연 / 착상 / 아이디어
/ 행운이 깃듦

내기하는 느낌

기원하는 느낌

사행심을 부르는 터부의 모티프

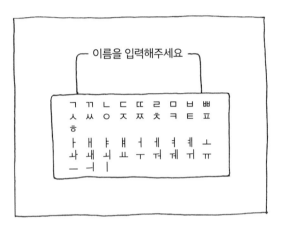

이름 입력 화면

이름 입력 장면이 마음에 남는 이유

플레이어가 용자의 이름을 입력하는 화면이다. 게임을 시작한 직후, 플레이어는 반드시 용자의 이름을 정해야 한다. 흑백의 문자로 채워진 무척이나 썰렁한 화면이지만 드퀘를 즐겨한 플레이어에게는 이 화면에 얽힌 많은 추억을 들을 수 있다.

"실명으로 입력했다가 너무 촌스러워서 바꿨어."
"좋아하는 사람 이름을 입력했다가 친구들에게는 영원히 보여줄 수 없게 됐어."
"똥이니, 뭐니 최악의 이름을 붙인 놈을 보고 기가 막혔어."
"그 화면에 흐르던 음악이 이상하게 귓가에서 계속 맴돌아."

이렇게까지 많은 사람들의 인상에 남았다는 것은 무언가 마음을 움직이는 강렬한 체험이 이 화면에서 발생했다는 것이다. 그 이유를 드퀘 시리즈 중에서도 굴지의 인기를 자랑하는 또 하나의 작품인 드퀘 5(1992, ENIX)의 사례를 들어 설명하고자 한다. 미리 말하자면 굉장한 체험 디자인이다.

게임 속 결혼 이벤트

'천공의 신부'를 서브타이틀로 하는 드퀘 5는 주인공의 유소년기부터 청년기까지를 따라가며, 세대를 넘어 거대한 악을 물리치는 스토리를 그려낸다. 드퀘 5에서 가장 인상적인 것이 바로 결혼 이벤트다. 여기에는 2명의 여성 중 한 명을 골라야 하는 장치가 포함되어 있다.

주인공의 소꿉친구이자 첫 번째 신부 후보인 '비앙카'는 지기 싫어하는 성격의 소유자이자 주인공을 몰래 사모하는 미모의 여인이다. 두 번째 신부 후보인 '플로라'는 단아한 규중처녀로 진지하고 올곧은 면을 지닌 아름다운 여인이다. 플레이어는 당돌한 결혼 이벤트에 얼떨떨해하며 필사적인 고민 끝에 결혼 상대를 정하는데 여기서 확연하게 여성 취향이 드러난다. 모든 플레이어는 '누구랑 결혼했어?'를 소재로 이야기꽃을 피웠고, 온라인에서는 아직까지도 팬들 사이에 설전이 오갈 정도다.

그런데 지금 소개한 용자의 이름 입력 화면과 결혼 이벤트의 신부 고르기에는 공통점이 있다. 그것은 바로…

부잣집
단아함
미인

소꿉친구
야무짐
미인

당신이라면 누구와 결혼하겠는가?

체험에 성격이 드러나는가

플레이어의 사적인 부분을 끌어내는 체험이라는 점이다. 평온한 일상에서는 대부분 자신의 사적인 부분을 감추고 살아간다. 사적인 부분이 타인에게 알려지면 평정을 유지할 수 없기 때문이다. 다시 말해, 우리는 '일상에서는 사적인 부분을 감춰야 한다'고 믿고 있고 그래서 더욱 사적인 모티프가 놀라움을 안겨주는 것이다.

그래서 10가지 모티프 중 열 번째, 마지막 터부의 모티프는 바로 '사적인 모티프'이다. 플레이어의 내면이 드러나는 콘텐츠는 강렬한 놀라움을 만들어낸다. 체험 디자인의 지표를 '그 체험에 개인의 성격이 드러나는가?'라는 물음으로 잡아도 될 것이다.

여기까지 체험 디자인의 모티프들을 바탕으로 4가지 지표를 살펴보았다. 각각의 지표를 정리하면서 마무리해보자.

10. 사적인 모티프

플레이어 자신의 비밀 / 플레이어
자신의 돈 / 플레이어 자신의 과거
플레이어 자신의 성격 / 센스
/ 플레이어 자신의 신변 정보

부끄러운 느낌

비밀스러운 느낌

사적인 부분을 드러내는 터부의 모티프

놀람 디자인으로 계속할 수 있는 체험

놀람 디자인은 인간이 본능적으로 원하는 것이나 외면하고 싶은 것을 그리면서 플레이어에게 무언가를 걸게 하고, 기원하게 하며 플레이어의 성격이 드러나도록 만든다. 이러한 체험 디자인을 통해 플레이어에게 놀라움을 가져다주는 것이 직감 디자인의 연속으로 인한 피로와 싫증을 불식시키고 플레이어를 다음 체험으로 이끈다. 이것이 바로 '나도 모르게' 몰입하게 되는 체험을 디자인하는 기본 전략이다.

놀람 디자인은 플레이어가 체험을 멈추지 않고 지속하게끔 하기 위한 필요악이라고 볼 수 있다. 너무 부지런해서 피로를 모르는 플레이어만 있다면 놀람 디자인은 필요하지 않을지도 모른다. 하지만 많은 사람들이 받아들일 수 있는 대중적인 체험을 만들기 위해서는 반드시 놀람 디자인이 필요하다.

잠깐만 이 책을 손에서 놓고 당신 주변에 넘쳐나는 콘텐츠들을 유심히 살펴보기 바란다. 거기에는 두 종류의 체험이 독특한 리듬으로 나란히 존재할 것이다. 정보를 직감적으로 이해하고 학습하게 만들기 위한 장면과 놀람과 흥분을 끌어내는 장면, 과연 이 두 종류의 체험은 어떻게 나열되어 있을까?

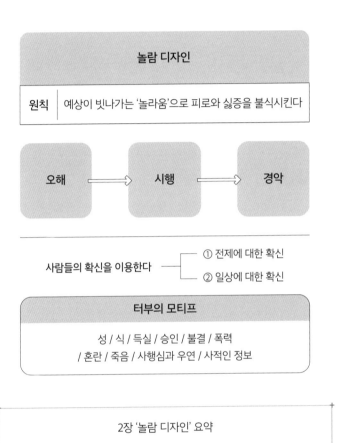

놀람 디자인

| 원칙 | 예상이 빗나가는 '놀라움'으로 피로와 싫증을 불식시킨다 |

오해 ➡ 시행 ➡ 경악

사람들의 확신을 이용한다 ── ① 전제에 대한 확신
                                       ② 일상에 대한 확신

터부의 모티프

성 / 식 / 득실 / 승인 / 불결 / 폭력
/ 혼란 / 죽음 / 사행심과 우연 / 사적인 정보

2장 '놀람 디자인' 요약

콘텐츠의 기본은 직감과 놀람의 조합

가장 이해하기 쉬운 것은 포르노나 엽기 영상처럼 본능적 흥분만을 지향하는 콘텐츠다. 이런 콘텐츠는 두말할 것도 없이 터부의 모티프로 가득 채워져 있다. 광고, 만담, 뉴스, 선전을 위한 홈페이지 등 체험이 단시간으로 제한되는 콘텐츠의 경우에는 놀람 디자인이 도입부에 나타나고 그 후로도 높은 밀도로 등장한다. 세심하게 주의를 끌면서 정보를 전달하기 위해서다.

반면에 영화, TV 드라마, 연극, 콩트, 게임처럼 시간적으로 긴 체험을 제공하는 콘텐츠의 경우에는 직감 디자인으로 도입부를 시작하고, 직감 디자인이 이어지는 가운데 기회를 보아 놀람 디자인이 가미되는 구조로 이루어진다.

어쩌면 이 글을 읽고 있는 누군가는 이것이 자신과는 상관없는 주제라고 생각할지도 모르지만, 전혀 그렇지 않다. 우리는 항상 상대방의 마음을 사로잡기 위해 고군분투하기 때문이다. 우리는 울고 있는 아이를 달래기 위해 고민하고 커뮤니케이션을 잘하기 위해 고민한다. 그렇다면 당신도 이미 훌륭한 체험 디자이너다.

놀람 디자인

직감 디자인    놀람 디자인

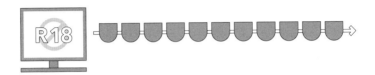

'직감 디자인'과 '놀람 디자인'의 배치

결국은 널리 알리기 위해

드퀘 시리즈의 디자이너 호리이 유지가 이룬 성과는 롤플레잉 게임이라는 '재밌지만 난해한 게임'을 일본에 들여와 사람들에게 널리 보급한 것이다. 여기서 효과를 발휘한 것이 바로 놀람 디자인이다. 그는 부비부비처럼 비교과서적인 디자인을 구사하여 문자와 숫자만 가득한 롤플레잉 게임을 인지시킨 후에도 드퀘 시리즈를 거듭할 때마다 새로운 디자인에 도전하여 플레이어들에게 계속해서 놀라움을 줬다.

생각해보면 게임 업계 발전의 역사도 마찬가지다. 게임을 하다 지쳐 결국에는 싫증을 내고 마는 플레이어와의 싸움에서 오로지 신선한 놀라움을 줄 수 있었던 업체만이 지금 살아남아 있다. 일본의 게임 업계를 일으키고 앞에서 다룬 슈퍼 마리오를 탄생시킨 닌텐도 역시 게임 업계를 어떻게 존속시킬 것인가를 최우선으로 고민한다. 고인이 된 닌텐도의 이와타 사토루 전 대표는 게임이라는 상품의 숙명과 사명에 대해 이렇게 말했다.

1986	드퀘 1	롤플레잉 게임 수입
1987	드퀘 2	3인 파티제 도입
1988	드퀘 3	4인 파티제, 직업 개념 도입, 드퀘 1 연결 묘사
1990	드퀘 4	8명의 주인공과 전 5장 구성, 카지노 도입
1992	드퀘 5	세대를 초월한 모험을 그린 시나리오, 몬스터와 동료 가능
1995	드퀘 6	직업별 레벨업, 이중 세계를 그린 시나리오
2000	드퀘 7	자유로운 시나리오 진행, 평균 플레이 시간 약 100시간
2004	드퀘 8	2D에서 3D로 이행, 무기·방호구 작성 시스템
2009	드퀘 9	거치기에서 휴대로 이행, 데이터 배포 및 교환 시스템
2012	드퀘 10	네트워크 게임, 복수 게임기 대응
2017	드퀘 11	거치기와 휴대기 연동, 엔딩 후 새로운 놀이 방식

드퀘 시리즈의 새로운 시도들

게임은 생활필수품이 아니어서

생활필수품은 살기 위해 반드시 필요하기 때문에 질리지 않는다. 세탁 세제 사용하는 것을 질려 하는 사람은 없지 않은가. 하지만 게임은 살기 위해 반드시 필요한 것이 아니어서 너무도 쉽게 질려버린다. 그렇기 때문에 게임은 한결같이 플레이어에게 놀라움을 줘야 하고, 게임 업계도 사람들에게 계속해서 새로움을 줘야 한다. 직감적으로 즐길 수 있는 한편, 플레이어의 예측을 빗나가 놀라게 해야 한다. 상반된 2가지 체험을 통해 게임 업계는 존속해온 것이다. 2장 서두에서 던진 '왜 게임을 계속할 수 있는가'라는 물음에 대한 답은 연속되는 직감 디자인에 놀람 디자인을 가미했기 때문이다. 이처럼 게임은 '할 수 있다'에서 '계속할 수 있다'로 진화했는데, 실은 여기서 게임이라는 존재를 근본부터 흔들어대는 큰 문제가 발생한다.

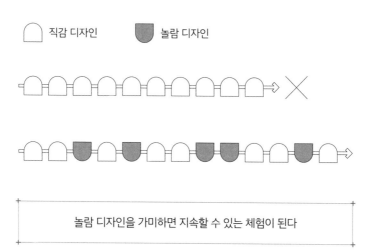

직감 디자인　　놀람 디자인

놀람 디자인을 가미하면 지속할 수 있는 체험이 된다

게임은 시간 낭비다?

물론 놀람 디자인을 활용하면 긴 체험을 실현할 수 있다. 하지만 게임이 제공하는 긴 체험에 어떤 의미나 의의도 없다면 결국 사람들은 게임에서 멀어지게 될 것이다. 실제로 게임을 적시하고 사회에서 배제하려는 견해들이 존재하며, 이것은 모두 어느 정도 일리 있는 주장이다.

> 아무리 장시간의 체험을 디자인할 수 있다 해도
> 도대체 게임을 하는 것에는 어떤 의미와 의의가 있는가?

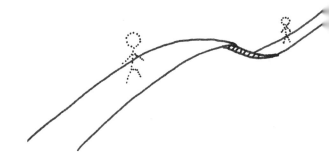

놀람 디자인

그러나 알다시피 게임은 지금까지 무사히 이어져 오고 있다. 그렇다면 역설적으로 이렇게 말할 수도 있을 것이다. 게임이 오늘날까지 수십 년을 생존해온 이상, 게임이라는 체험 자체에 무언가 의의가 숨겨져 있을 것이라고 말이다.

게임에 의의가 있다고 한다면 그것은 어떤 체험으로 디자인되어 있고, 도대체 체험의 의의는 무엇인가. 지금부터는 체험의 핵심으로 발을 들여놓으려 한다. 3장의 주제는 '이야기 디자인'이다.

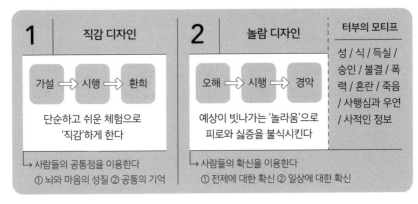

1	직감 디자인	2	놀람 디자인	터부의 모티프
	가설 ⇒ 시행 ⇒ 환희		오해 ⇒ 시행 ⇒ 경악	성 / 식 / 득실 / 승인 / 불결 / 폭력 / 혼란 / 죽음 / 사행심과 우연 / 사적인 정보
	단순하고 쉬운 체험으로 '직감'하게 한다		예상이 빗나가는 '놀라움'으로 피로와 싫증을 불식시킨다	

↳ 사람들의 공통점을 이용한다
① 뇌와 마음의 성질 ② 공통의 기억

↳ 사람들의 확신을 이용한다
① 전제에 대한 확신 ② 일상에 대한 확신

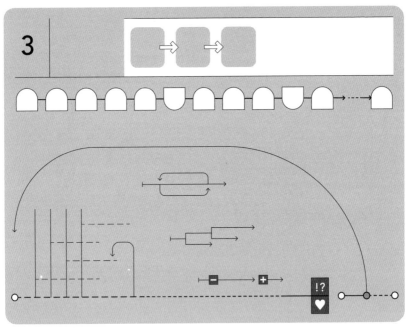

놀람 디자인

3장

이야기 디자인

왜 나도 모르게
'말하고 싶어지는' 걸까?

'패밀리 컴퓨터'가 출시된 후 수십 년 동안 이어진 진화의 끝에서 이름난 게임 상을 모두 휩쓴 두 작품을 이번 장에서 소개하려고 한다. 첫 번째 작품은 '더 라스트 오브 어스 리마스터드'(이하 '라스트 오브 어스')이고 두 번째 작품은 '바람의 여행자'이다. 최근에 게임을 하지 않는 사람들에게는 익숙하지 않은 타이틀일 수도 있다. 그러나 게임 내용을 포함하여 이해하기 쉽게 해설할 생각이니 안심하기 바란다.

게임이 시간 낭비라고 주장하는 사람들은 여전히 많다. 그럼에도 게임에 의의가 있다면 그건 무엇일까? 수수께끼를 풀어낼 키워드가 바로 '이야기'다.

더 라스트 오브 어스 리마스터드[*]

바람의 여행자[**]

- [*] The Last of Us Remastered, 2014, Sony Interactive Entertainment
- [**] DRAGON QUEST, Ⅱ, Ⅲ, Ⅳ, 1986 ENIX, 1987 ENIX, 1988 ENIX, 1990 ENIX

도대체 이야기란 무엇인가

'라스트 오브 어스'는 현대를 무대로 한 액션 게임이다. 동충하 초처럼 인간에 들러붙어 그 사람을 좀비로 만들어버리는 불가사의한 균으로 인해 존망의 위기에 처한 미국, 감염 확대로 패닉에 빠진 가운데 혼자 키운 사랑하는 딸을 잃고 절망 속에서 살아온 주인공 '조엘'의 운명은 20년 후, 어느 날 갑자기 바뀌기 시작한다. 전 세계에서 균에 내성을 가진 오직 한 사람, 잃어버린 딸과 같은 나이인 14살 소녀 '엘리'와 만나게 된 것이다. 종말을 향해 가는 세계를 여행하는 둘은 어떤 '우리의 결말The Last of Us'에 이르게 될까?

굉장히 묵직한 내용이다. 이렇듯 복잡하게 얽힌 내용은 등장인물의 대사와 영상만으로 전달된다. 상황을 설명해주는 요소도, 화면에 나타나는 문자도 거의 없다. 비주얼은 영화와 크게 다르지 않다. 묵직한 이야기를 대사와 영상만으로 전달하는 데 성공한 것이다.

한편, 바람의 여행자는 더욱 날카로운 디자인으로 이야기를 전달한다. 게임 속에 문자는커녕 말 자체가 나오지 않기 때문이다. 바람의 여행자의 줄거리는 이렇다. 처음 보는 옷으로 몸을 감싼 주인공은 갑자기 황량한 사막 한가운데에서 눈을 뜬다. 멀리 보이는 것은 산꼭대기뿐이고, 주인공은 그곳을 향해 걸어가기 시작한다. 그렇다고 산이 목적지임을 나타내는 확실한 정보도 없다. 우연히 눈에 띈 산을 향해 걷기 시작했을 뿐이다. 가뜩이나 수수께끼로 가득한 설정에 작중에는 일절 문자가 등장하지 않을 뿐만 아니라 대사로 된 설명도 전혀 없다.

이렇듯 신선한 디자인으로 바람의 여행자는 수많은 게임상을 수상한다. 더욱 놀라운 것은 그 수많은 상 모두가 이 게임을 '이야기성이 뛰어나다'고 평가했다는 점이다. 다시 말해, 이 게임은 문자나 대사 없이도 이야기를 전달하는 데 성공했다는 것이다. 이쯤 되면 '도대체 이야기란 무엇인가'라는 의문이 솟구칠 것이다.

이야기는 어떤 형태로 만들어질까?

이야기 디자인

이야기는 어떤 형태로 만들어지는가

당신은 '이야기'라고 하면 어떤 형태가 떠오르는가. 이야기의 내용이 아닌, 어디까지나 이야기의 형태에 대한 것이다. 실제로 많은 사람들에게 이 질문을 했을 때 대부분의 사람은 소설과 같은 문자의 형태를 떠올렸다. 확실히 이야기는 문자의 형태로 만들어진 듯하다. 그런데 잘 생각해보면 이야기는 굳이 문자로 표현할 필요가 없다. 예를 들어, 영화나 드라마처럼 영상의 형태로 이야기를 전달하는 경우에 자막이 없어도 이야기를 이해할 수 있다. 인생도 마찬가지다. 다사다난한 인생은 하나의 이야기이지만 그렇다고 해서 모두 문자로 표현되지는 않기 때문이다. 즉, 문자가 이야기의 필수적인 요소는 아니라는 것이다.

이야기가 무엇인지 점점 더 모르겠다. 여기서 다름 아닌 '이야기론'이라는 분야의 연구를 참고하고자 한다. 이야기론에서 이야기는 어떻게 정의되어 있을까? 이야기론에서는 이야기를 '내러티브narrative'라고 지칭한다. 그리고 이야기가 2가지 요소, 즉 '이야기 내용(story)'과 '이야기 언설(discourse)'로 이루어진다고 정의한다.

이야기 내용이란 '주인공이 A에 가서 B가 일어나고 C가 되는' 일련의 사건을 가리킨다. 간단히 말해, '무슨 일이 있었는지' 가 이야기 내용이다. 이야기 내용은 어디까지나 사건 그 자체를 말한다. 이때 그 사건을 '어떻게 전달할 것인지' 수단이 있어야 비로소 이야기 내용은 전달된다. 문자, 영상, 음성과 같은 표현 형식도 중요하고 단어 선택과 전달 순서도 이야기의 재미를 좌우한다. 이야기를 전달할 수단, 이것이 바로 이야기 언설이다.

'이야기'는 또한 '일련의 사건의 표상representation of a sequence of events'이라는 정의도 자주 이용하는데, 여기서 '일련의 사건'이 이야기 내용, '표상'이 이야기 언설에 대응된다.

정리해보면 '무슨 일이 있었는지'와 '어떻게 전달할 것인지', 즉 이야기 내용과 이야기 언설을 합친 것이 내러티브가 되는 것이다. 내러티브라는 말이 그다지 익숙하지는 않을 것이다. 그러나 내러티브는 의외로 가까이에 있다. 다큐멘터리 프로그램을 보면 영상과는 별도로 음성만으로 상황을 설명해주는 사람이 있는데, 우리는 그 사람을…

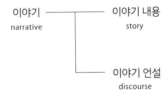

이야기론의 이야기 구성 요소

내러티브와 스토리

'내레이터narrator'라고 부른다. 내레이터는 내러티브 하는 사람, 즉 이야기를 설명하는 사람이라는 의미를 갖고 있다. 그런데 마찬가지로 이야기를 의미하는 단어라도 스토리에는 '스토리어 storyer'라는 단어가 없다. 전달한다는 의미의 'tell'을 붙여서 '스토리텔러storyteller'라고 해야 '이야기해주는 사람'이라는 단어가 된다. 왜일까?

스토리와 내러티브. 둘 다 '이야기'라는 뜻을 갖고 있지만 여기에는 미묘한 뉘앙스의 차이가 있기 때문이다. 스토리는 '무슨 일이 있었는지', 즉 이야기 내용에 중점을 두는 반면 내러티브는 '어떻게 전달할 것인지', 즉 이야기 언설을 포함하는 뉘앙스가 있다.

그럼 여기서 질문이다. 게임은 스토리인가 내러티브인가? 게임은 '게임을 하는 체험'을 통해 이야기를 설명한다. 이러한 이야기의 전달 방식이 게임의 특징이기 때문에 답은 물론…

그림책을 읽을 때 'A가 일어나고 B가 일어나고'는 이야기 내용,
문장과 그림, 책이라는 표현 형태와 '어떻게 읽어 줄지'는 이야기 언설

게임은 이야기 화법

내러티브다. 게임은 내러티브라고 하는 것이 어울린다. 게임은 플레이어가 스스로 모험을 진행하면서 내용을 이해하는 체험을 제공함으로써 이야기를 설명하기 때문이다. 요컨대 게임은 문자, 음성, 영상과 마찬가지로 이야기 화법 중 하나다. 이것은 인류 역사상 아주 새로운 방식이다.

최근의 기술 발전으로 게임은 영상과 음성만으로도 충분히 정보를 전달할 수 있게 되었다. 이제 영화나 드라마와 동등한 표현력을 갖춘 게임은 캐릭터의 행동 하나만으로도 무슨 일이 일어나고 있는지를 명확하게 설명할 수 있다. 하지만 게임은 이러한 기술이 존재하지 않던 시절부터 매우 독특한 이야기의 전달 방식을 취해왔다.

예를 들어, 드퀘는 병사에게 말을 걸지 않으면 이야기가 절대로 진전되지 않는다. 플레이어는 스스로 세계를 모험하고 자력으로 개별 정보를 모아 '이 세계에서는 이런 일이 일어나고 있구나'를 추측해야 한다. 수많은 정보의 단편을 통해 '무슨 일이 있었는지'를 이해시키는 이야기의 전달 방식을 전문 용어로는 이렇게 지칭한다.

이야기 디자인

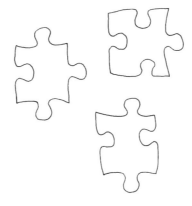

사람들에게 들은 단편적인 이야기를 모아서 이야기 전체를 이해한다

파악하고 싶은 뇌

바로 '환경 스토리텔링'이다. 환경 안에 배치된 정보를 플레이어가 자발적으로 모아 이야기를 구축해나가는 이야기의 전달 방식이다. 그럼 직접 체험해보자. 다음 그림을 10초 동안 바라보기만 하면 된다. 시작해보자.

그냥 '바라보기만' 하면 된다고 했지만 자연스럽게 무슨 일이 있었는지를 '추리'하지 않았는가? 어쩌면 '이건 사고가 아니야, 살인이야…'라고 중얼거린 사람이 있을지도 모른다. 아무래도 우리의 뇌는 정보를 흩어진 채로 두는 것을 기피하는 것 같다. 언뜻 관련이 없어 보이는 정보의 단편이라도 뇌는 그것을 조합하여 '무슨 일이 일어났는지'를 가능한 한 구체적으로 추측하려고 한다. 뇌는 언제나 자신을 둘러싼 세계의 전체상과 상황을 파악하고 싶어 한다.

피해자는 심장 관련 지병이 있었다

현장에는 풍선 잔해가 떨어져 있었다

피해자는 켜져 있는 전등 밑에서 발견됐다

이야기하는 본능

뇌는 이야기를 설명하는 장기라고도 할 수 있다. 눈, 코, 귀와 같은 여러 센서를 통해 긁어모은 단편적인 정보를 통합하여 지금까지의 인생과 대조하면서 결국에는 '눈앞에서 일어나고 있는 일이 무엇인지' 그 의미를 추측하고, 문맥을 연결하여 당신의 인생이라는 이야기를 설명해주는 내레이터, 그게 뇌의 본능적인 역할이다. 만약 이 본능을 잃게 되면 우리의 인생은 문맥을 잃고 그 순간 공중 분해되어버릴 것이다. 당신의 인생이 흩어진 기억의 수집이 아닌 하나의 이야기처럼 느껴지는 것은 뇌가 가진 '이야기하는 본능'의 힘 덕분이다.

게임은 이런 뇌의 본능을 효율적으로 이용하고 있다. 앞서 언급한 '환경 스토리텔링'은 단편적인 정보를 제각각 전달하는 수법인데, 이것 역시 이야기하는 본능을 자극하기 위한 전달 방식의 하나다. 그러나 뭐든지 그저 제각각 배치하기만 하면 되는 것은 아니다. 게임을 구성하는 각각의 장면에도 나열 방식이 있기 때문이다.

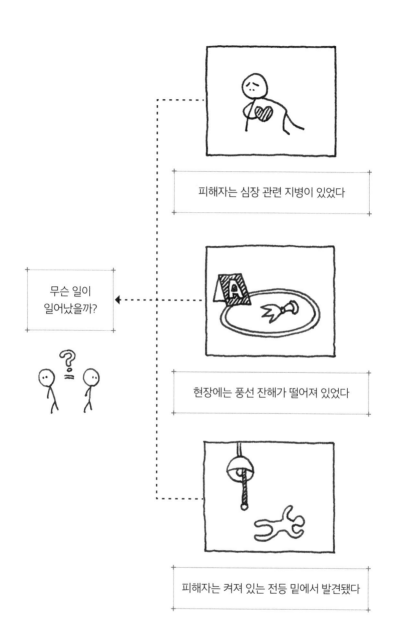

피해자는 심장 관련 지병이 있었다

무슨 일이
일어났을까?

현장에는 풍선 잔해가 떨어져 있었다

피해자는 켜져 있는 전등 밑에서 발견됐다

3개의 장면

먼저 게임에 등장하는 다양한 장면을 분류하는 것에서부터 논의를 시작해보자. 이 부분은 깔끔하게 딱 세 그룹으로 나누어보았다.

1. **영화**: 차분히 감상할 수 있어 많은 정보량을 얻을 수 있다. 전혀 조작할 수 없기 때문에 수동적인 체험이 된다.
2. **탐색**: 영화보다는 적지만 어느 정도의 정보를 얻을 수 있다. 자신만의 방식으로 조작할 수 있다.
3. **전투**: 막다른 상황이므로 얻을 수 있는 정보량이 극히 적다. 몸을 지키기 위해 집중해야 하고 매우 능동적인 조작이 필요하다.

세 그룹을 그림으로 나타내면 다음과 같다. 세로축은 정보량을, 가로축은 체험이 능동적인지 수동적인지를 나타낸다. 이렇게 정리하고 나니 의외로 게임이라는 체험도 단순하게 느껴진다. 이왕 3가지 타입을 정리한 김에 라스트 오브 어스와 바람의 여행자에 적용하여 분석해보기로 하자.

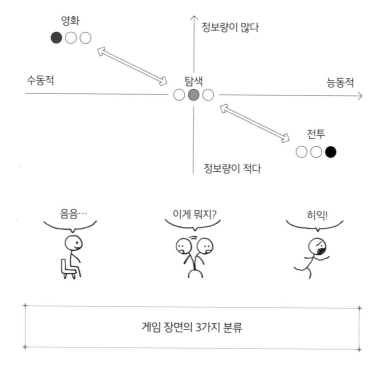

게임 장면의 3가지 분류

게임 장면의 비밀

두 게임의 초반 장면 구성을 그림으로 정리해보았다. 각 장면의 상세 내용보다는 꺾은선 그래프에 주목하여 보길 바란다. 꺾은선 그래프는 정보량이 많고 수동적인 장면이 되면 위로 올라가고, 정보량이 적고 능동적인 장면이 되면 아래로 내려간다.

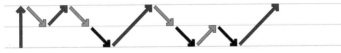

●○○ **무비** 조엘과 딸 사라의 평화로운 일상
○●○ **탐색** 사라를 조작하여 밤의 집에서 조엘 탐색
●○○ **무비** 조엘과 사라가 마을을 탈출하려는 모습
○●○ **탐색** 사라를 조작하여 혼란스러운 마을을 차창에서 관찰
○○● **전투** 조엘을 조작하여 습격해오는 감염자로부터 하는 수 없이 도망
●○○ **무비** 사라 사망, 20년 후 조엘과 동료 테스의 대화
○●○ **탐색** 폐쇄된 마을과 감염자가 있는 외부로의 길 탐색
○○● **전투** 마을 외부에서 감염자에 습격
○●○ **탐색** 끊어진 길을 연결하는 수수께끼 풀이 후, 블랙 마켓에서 숙적 탐색
○○● **전투** 숙적의 아지트에서 부하와 전투
●○○ **무비** 숙적에게 정보를 캐묻는 모습 관찰

라스트 오브 어스의 초반 장면 구성

이야기 디자인

그래프를 보고 무엇을 느꼈는가? 그래프가 마치 물결 같지 않은가? 이것이 바로 이야기 화법의 포인트다. 각각의 장면에 포함되는 정보량과 능동성 정도, 이 2가지 요소로 그래프가 파형을 이루고 있는 것이다. 이는 비단 게임에 한정된 것이 아니다. 모든 콘텐츠가 동일한 구조를 이루고 있는데 일반적으로는 '템포tempo와 콘트라스트contrast'라고 부른다. 책에서도 이 명칭을 따서 '템포와 콘트라스트의 모티프'라고 부르겠다.

● ○ ○   **무비** 산꼭대기에서 빛이 날아드는 모습을 관찰
○ ○ ●   **탐색** 주인공을 조작하여 정처 없이 사막을 탐색
● ○ ○   **무비** 불가사의한 존재로부터 이세계의 진실에 대한 것으로 여겨지는 계시를 받음
○ ○ ●   **탐색** 계속해서 사막 탐색, 주인공과 닮은 동행자가 나타남
● ○ ○   **무비** 불가사의한 존재로부터의 정보를 다시 관찰
○ ○ ●   **탐색** 계속해서 사막 탐색
● ○ ○   **무비** 불가사의한 존재로부터의 정보를 다시 관찰
○ ○ ●   **탐색** 계속해서 사막 탐색
○ ○ ●   **전투** 사막 골짜기의 급경사면을 미끄러져 내려옴
● ○ ○   **무비** 불가사의한 존재로부터의 정보를 다시 관찰
○ ○ ●   **탐색** 지하 유적 탐색
○ ○ ●   **전투** 불가사의한 적대적 존재에 습격당하고 도망
● ○ ○   **무비** 불가사의한 존재로부터의 정보를 다시 관찰

바람의 여행자의 초반 장면 구성

템포와 콘트라스트로 파형을 만드는 이유는 2가지다. 첫째는 파형이 없으면 피로와 싫증이 발생하기 때문이다. 놀람 디자인도 동일한 효과를 겨냥했었다. 그리고 두 번째는 '이야기하는 본능'이 예상하는 미래를 단순하고 쉽게 만들기 위해서다. 이번에는 직감 디자인과 유사한 효과다.

먼저 각각의 장면을 짧게 하여 이해해야 할 것을 최소한으로 만들면 장면마다 정보량을 줄임으로써 이야기를 이해하기 수월해지고, 앞으로의 전개를 예상하기도 수월해지면서 마침내 '템포'가 생긴다.

거기에 더해 '영화→탐색→전투→영화'처럼 '콘트라스트'가 강한 파형을 만들면 플레이어는 무의식적으로 파형의 패턴을 인식하고, 그러는 사이에 '영화가 끝났으니 이제 탐색해볼까?', '강적을 물리쳤으니 영화가 이어져 이야기가 틀림없이 진전될 거야'라는 예상마저 가능해진다. 템포와 콘트라스트는 일련의 체험을 물결처럼 기분 좋게 흔들어 시간을 잊게 한다. 체험 디자인에서 시간이라는 개념은 언제나 중요하기 때문이다.

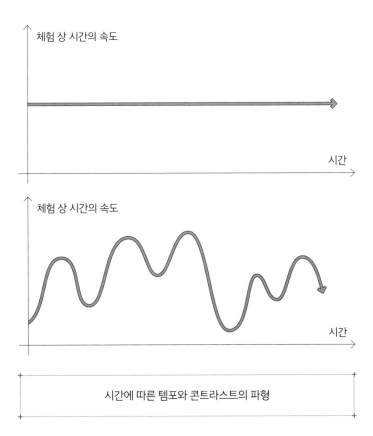

시간에 따른 템포와 콘트라스트의 파형

흘러가는 시간 위에 적절한 순서로 체험 나열하기

'웃음이란 긴장과 완화다.'

라쿠고가 가쓰라 시자쿠가 한 말처럼 사람은 팽팽한 긴장이 완화되었을 때 비로소 웃게 된다. 그러나 단순히 강하게 긴장시키거나 강하게 완화시키면 되는 것도 아니다. 긴장시킨 다음 완화시키는 체험의 순서가 중요하다. 관점을 바꾸면 템포와 콘트라스트의 개념도 어떻게 정보를 시간 축 위에 배치할 것인가, 요컨대 체험 순서에 대한 전략인 셈이다. 흘러가는 시간이라는 직선 위에 어떻게 체험을 나열할 것인가. 이것이 체험 디자인의 영역이다.

이런 의미에서 환경 스토리텔링, 템포와 콘트라스트에 이은 세 번째 모티프는 더더욱 시간과 관련된 것이다. 다음 그림처럼 정보의 진의를 모르는 상태에서 일단 제시하고 난 후, 시간차로 진의를 깨닫게 하는 이 테크닉을 소개한다.

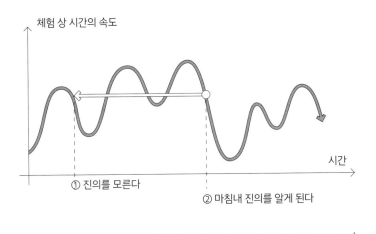

체험 상 시간의 속도

시간

① 진의를 모른다

② 마침내 진의를 알게 된다

시간에 따른 템포와 콘트라스트의 파형

복선의 체험 디자인

진의가 숨겨지고 덮인 선, 바로 '복선'이다. '그 장면의 그게 이런 의미였구나!'라는 깨달음의 쾌감은 너무도 강렬해서 나도 모르게 '실은 그게 말이야…'라고 누군가에게 말하고 싶어질 정도다. 이야기의 이해가 단숨에 진척되는 쾌감을 낳기 위한 장치, 그것이 바로 복선이다.

바람의 여행자의 경우, 게임 도입부에 불가사의한 빛을 내는 구슬이 하늘을 날아가는 장면이 등장하지만 의미는 전혀 해설해주지 않는다. 그야말로 복선인 것이다. 라스트 오브 어스에서도 살짝 복잡한 복선이 등장한다. 게임 도입부에서 균에 감염되어 좀비가 될 수밖에 없는 남자가 등장하여 플레이어에게 '좀비가 되기 전에 죽여 달라'고 애원하는데, 디자이너는 게임 도입부의 중요한 시점에 왜 이런 장면을 넣은 것일까? 이것도 역시 복선이다.

그럼 이쯤에서 지금까지 제시한 3가지 모티프에 대한 논의를 다시 정리해보자.

라스트 오브 어스에서 죽여 달라고 애원하는 남자

바람의 여행자의 불가사의한 빛의 구슬

이야기하는 본능을 끌어내는 것

환경 스토리텔링, 템포와 콘트라스트, 복선. 이 3가지 모티프는 모두 플레이어의 이야기하는 본능을 자극한다. 플레이어 자신이 게임의 내레이터가 되어 말하기 위한 체험 디자인인 것이다.

한편, 플레이어 입장에서는 눈앞에서 일어나고 있는 일을 명확하게 전달해주지 않는 게임에 휘둘리기 일쑤다. 때문에 플레이어가 게임 특유의 말투에 놀림당해 몹시 의기소침해 있을 것이라고 생각했으나 그렇지만도 않은 것 같다. 오감과 사고를 구사하여 이야기를 설명하는 것은 뇌에 아주 충실한 체험이 될 것이다. 이 책에서는 이러한 체험을 '번롱(翻弄, '희롱'과 비슷한 뜻으로, 이리저리 마음대로 놀린다는 의미 –옮긴이)'이라고 부르고자 한다. 이야기 디자인의 1단계는 바로 이 번롱이며, 여기서부터 이야기 디자인이 시작된다. 번롱으로 플레이어의 이야기하는 본능을 끌어내고 플레이어를 이야기 속으로 끌어들이는 것이다.

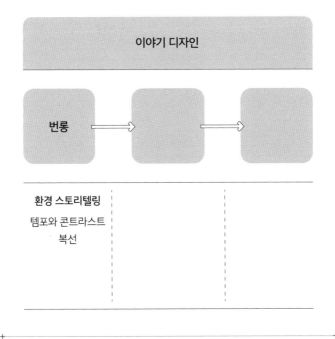

이야기 디자인

번롱

환경 스토리텔링
템포와 콘트라스트
복선

이야기 디자인 1단계 '번롱'

플레이어의 성장

지쳤을 테니 차라도 한잔하며 머리를 식혀보기로 하자. 지금까지 읽은 이 책에 대한 느낌은 어떤가? 여기까지 읽으면서 스스로 변화한 것이 있었는가? '이 책을 읽고 내가 이렇게 바뀐 것 같다'는 느낌이 들었다면 좋겠다. 바뀐 것이 하나도 없는가? 이거 참 송구스럽다.

그렇다면 실례인 줄 잘 알면서도 묻겠다. 읽어봤자 소용없는 책을 어떻게 용케도 여기까지 읽은 것인가. 만약 이 책이 게임이었다면 플레이어는 성장을 실감할 수 없는 이 게임을 당장에 그만두었을 것이다. 게임 속 캐릭터가 아무리 성장한들 의미가 없다. 플레이어의 성장이야말로 게임이 갖는 궁극적 의미이자 의의이기 때문이다. 그래서 게임은 플레이어를 번롱하는 이야기 화법을 통해 플레이어가 자신의 힘으로 '무슨 일이 일어나고 있는지'를 이해하고 설명하게끔 만든다.

애초에 게임 디자이너는 이야기만으로 플레이어에게 감동을 주려고 하지 않는 경우가 대부분이다. 실제로 게임 속에서 전개되는 가공의 이야기는 어디까지나 플레이어가 성장하는 체험을 디자인하기 위한 수단에 지나지 않는다. 게임 디자이너가 정말로 그리고자 하는 것은 게임 속에서 펼쳐지는 '가공의 이야기'가 아니라 플레이어 자신이 성장해나가는 '플레이어의 이야기'다.

가공의 이야기 가공의 세계에서 가공의 캐릭터가 겪는 이야기. 플레이어가 성장하는 체험을 만들어내기 위한 '수단'에 지나지 않는다.

플레이어의 이야기 게임이라는 체험을 통해 플레이어 자신이 겪는 이야기. 현실에 존재하는 플레이어를 현실 세계에서 실제로 성장시켜야 한다.

이쯤 되면 논의해야 할 것은 하나다. 플레이어를 현실적으로 성장시키려면 어떤 가공의 이야기를 그리면 되는가. 지금부터는 플레이어를 성장시키는 체험 디자인의 3가지 모티프를 살펴보며 논의를 펼치고자 한다. 시작은 늘 그랬듯이 실험으로 시작해보자. 다음 그림을 보고 떠올린 것은 무엇인가.

12 45678

빈자리를 채우고 싶은 본능

그림을 유심히 들여다본 당신, 어떤 숫자를 떠올렸을 것이다. 바로 '3'이다. 설명할 필요도 없겠지만 이 실험의 포인트는 '빈자리를 채우고 싶은' 우리의 습성에 관한 것이다. 빈자리를 채우고 싶고, 전체를 깔끔하게 갖춰 완성하고 싶은 기분을 억누르기는 어려운 법이다.

아무도 '9'를 떠올리지 않았다는 것도 중요하다. 우리는 그림을 본 순간, '1부터 8이 쓰여 있다'고 전체를 파악한 후, 빈자리를 채우는 사고 과정을 거친다. 사전에 전체 범위나 공통된 성질을 인식해야만 빈자리를 빈자리로 인식할 수 있기 때문이다. 다시 말해, 우리는 '9'가 들어갈 빈자리를 발견하지 못한 것이다.

바꿔 말하면 빈자리만 인식할 수 있으면 된다는 것이다. 빈자리가 있으면 채우고 싶어진다, 아니, '나도 모르게' 채우게 된다. 모든 빈자리가 채워진 전체를 얻을 수만 있다면 몇 번이라도 채우게 된다. 이런 심리를 이용한 게임의 체험 디자인이 바로 '수집'이라는 체험 디자인이다. 수집은 대부분의 게임이 사용하고 있을 정도로 대중적인 디자인이다. 그도 그럴 것이 수집만큼 플레이어를 성장시키기에 적당한 체험 디자인도 없기 때문이다. 수집하는 동안 플레이어는 비슷한 체험을 몇 번이고 반복하며 자연스럽게 성장한다.

'게임보이(1989, 닌텐도)'용으로 출시되어 폭발적인 인기를 얻은 '포켓몬스터(1996, 닌텐도)'에 등장하는 151마리의 포켓몬을 모조리 기억하는 아이들에게 '공부를 그렇게 했으면' 하고 한숨을 내쉬던 부모도 많았다고 한다. 그러나 아이들이 포켓몬을 기억할 수 있었던 것도 어찌 보면 당연하다. 게임은 도입부에서 3마리의 포켓몬 중 한 마리를 고르게 하고, 백지로 된 포켓몬 도감까지 건넨다. 전체상과 빈자리를 모두 인식시키고 한 마리씩 포켓몬 잡는 체험을 반복하니 기억을 못 할 리가 없는 것이다. 플레이어가 빈자리를 의식하게 만들고 수집, 반복을 통해 이끌어감으로써 플레이어를 성장시키는 구조가 인상적이다.

"너한테 한 마리 줄게.
자 ! 골라봐."

포켓몬스터 모험의 시작

라스트 오브 어스의 빈자리

라스트 오브 어스의 경우, 게임 도입부에서 단 두 차례, 예외적으로 자막이 등장한다. 바로 'SUMMER(여름)'와 '20 YEARS LATER(20년 후)'이다. 이 자막이 플레이어에게 알려주는 것은 나머지 가을, 겨울, 봄, 그리고 딸을 잃은 후 20년의 공백이다. 이야기의 빈자리를 플레이어가 의식하도록 만듦으로써 세계 각지에 남겨진 과거의 단편을 모아 무슨 일이 있었는지를 이해하도록 한 것이다. 가공의 이야기 안에 빈자리를 마련하거나 전체상을 예상하게 만듦으로써 플레이어를 수집과 반복, 성장이라는 이야기로 자연스럽게 이끌었다고 할 수 있다. 그렇다면 문자가 한 글자도 등장하지 않는 바람의 여행자의 세계에서 빈자리는 무엇일까?

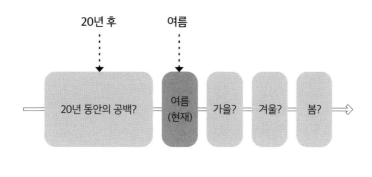

'여름'과 '20년 후'가 나타내는 빈자리

라디오 체조

맞다, 역시 문자다. 바람의 여행자는 문자를 수집 요소로 삼고 있다. 문자는 문자인데 수수께끼 같은 고대 문자라 의미를 전혀 알 수 없다. 하지만 플레이어는 '무언가 알 수 있을지도 모른다'는 생각으로 수집하고 반복한다. 그도 그럴 것이 우리의 뇌는 몇 번이고 동일한 체험의 정보가 들어오면 뇌세포의 연결이 강해져, 다음에는 좀 더 능숙해지는 흐름으로 성장하기 때문이다. 반복은 성장에 반드시 필요하고, 이때 중요한 것은 싫증 나지 않도록 반복하게 하는 체험 디자인이다.

예를 들어 라디오 체조가 그렇다. 아무 생각 없이 하다 보면 의식하지 못하는 순간, 우리는 무심코 양팔을 올렸다 내렸다 하는데, 그 횟수가 무려 66번이다. 단순히 '66번 팔을 올렸다 내려라'라고 지시했다면 틀림없이 의욕이 생기지 않았을 것이다. 하지만 다양하고 짧은 길이의 체조를 여러 개 준비하고 구상하여 하나의 체조를 완수하는 체험 디자인이 있다면 우리는 '나도 모르게' 66번이나 팔을 올렸다 내릴 것이다. 외에도 라디오 체조에는 반복을 촉진하는 또 한 가지 요소가 있다.

양팔을 66번 올리라는 지시에는 의욕이 생기지 않는다

리듬을 탄다는 건 시간을 느끼는 행위

바로 리듬이다. 우리는 누가 시키지 않아도 '나도 모르게' 리듬을 타게 된다. 책상을 손가락으로 두드리거나 몸을 흔들거나…, 음악이 흐르고 있는 한 끝없이 동작을 반복하게 된다. 말하자면 리듬은 시간이라는 화살표 위에 등간격으로 비어 있는 빈자리다. 이 빈자리를 리듬에 맞춰 채움으로써 우리는 눈에 보이지 않는 시간을 또렷하게 느낄 수 있다. 리듬을 새김으로써 우리는 시간 속에 무수히 비어 있는 빈자리를 수집하고 있는지도 모른다.

여기서 리듬에 관련된 또 하나의 사례를 소개하고자 한다. 앞에서 예로 든 포켓몬과 마찬가지로 지금 소개할 게임도 게임보이용으로 큰 인기를 얻은 퍼즐게임이다. 어린이는 물론 평소에는 게임을 하지 않는 여성이나 고령자까지 폭넓은 층에서 지지를 받았다. 위에서 내려오는 블록을 나열하고 정리하여 사라지게 하는 게임. 원리는 단순하지만 도저히 멈출 수가 없는 게임. '낙하물계 퍼즐'이라는 하나의 장르를 구축한 개척자, 원조라고 할 수 있는 게임이다.

눈에 보이지 않는 시간도 리듬이 있으면 느낄 수 있다

테트리스의 빈자리와 리듬

이 게임이 바로 '테트리스(1989, 닌텐도)'다. 단지 블록을 없애는 것뿐인데 왜 게임을 멈출 수 없는 걸까? 그 이유도 리듬에 있다. 다음 모식도를 슬쩍 보기만 해도 우리는 '어디에 블록을 놓을까?'부터 생각하게 된다. 이것은 굉장히 강렬한 디자인이다. 블록 하나를 놓을 때마다 자연스럽게 스테이지에는 빈자리가 형성된다. 가로 한 줄이 모두 블록으로 채워지면 그 줄은 사라진다. 이 원리에서도 수집의 요소가 나타난다.

그렇다면 리듬의 요소는 무엇인지 살펴보기 전에 질문이다. 테트리스는 '블록 하나를 화면 아래로 떨어뜨리면 다음 블록이 화면 위에서 나타난다'는 원리의 반복이다. 이때 블록 하나를 놓고서 다음 블록을 보여주기까지 몇 초의 간격을 둘 것인가. 그 리듬이 포인트다. 플레이어의 반복을 가장 효과적으로 촉진하려면 몇 초의 시간을 비우면 될까?

① 약 1초   ② 약 10분의 1초   ③ 사이를 비우지 않음

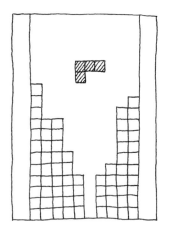

테트리스

미해결 상태의 긴장감

답은 의외지만 '③ 사이를 비우지 않음'이다. 시간의 틈 없이 블록을 떨어뜨려야 한다. 이러한 체험 디자인이 반복을 낳는 근거로 심리학의 '자이가르닉 효과Zeigarnik effect'를 들 수 있다. 자이가르닉 효과는 해결된 문제에는 긴장을 확 풀어버리지만 해결되지 않은 문제에는 긴장감을 유지하는 마음의 성질을 가리킨다. 간단히 말해, 문제가 미해결된 상태라면 긴장감을 오래 유지시킬 수 있다는 것이다.

테트리스는 연달아 끊임없이 블록을 투입하여 플레이어가 긴장감을 풀 수 있는 틈, 즉 게임을 멈추려는 생각을 할 잠깐의 틈조차 주지 않게끔 디자인되어 있다. 멈출 수 없기 때문에 자연스럽게 '블록 놓을 자리를 생각하는' 작업을 반복하게 되고, 결국에는 게임에도 능숙해져 점점 더 멈출 수 없게 될 것이다. 블록을 떨어뜨리는 리듬이야말로 아주 결정적인 디자인이다.

그럼 이쯤에서 다시 수집과 반복의 모티프를 정리해보자.

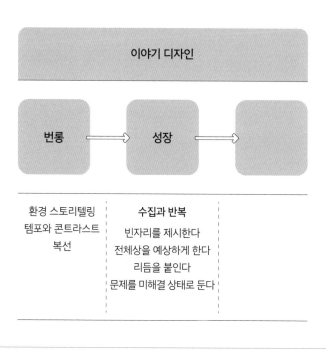

이야기 디자인

번롱	→	성장	→	

환경 스토리텔링
템포와 콘트라스트
복선

수집과 반복
빈자리를 제시한다
전체상을 예상하게 한다
리듬을 붙인다
문제를 미해결 상태로 둔다

이야기 디자인 2단계 '성장'

반복할 수 있는 것은 곧 가치 있는 것

반복하면 무엇이든 능숙해진다는 것을 우리는 잘 알고 있다. 그러나 지쳤다느니 질렸다느니 이런저런 이유를 붙여 우리는 반복을 멈춰버린다. 만약 피로도, 싫증도 모르고 반복할 수 있는 것이 있다면 그것은 재능이나 천직일 것이다. 반복할 수 있는 무언가를 계속해서 찾아가는 여정이라고 할 수 있는 인생에서 그런 것을 발견한다면 그건 말 그대로 행운이다. 그런 점에서 게임은 많은 사람들에게 '나도 반복할 수 있는 것이 있다'는 행복감을 주고 있을지도 모른다.

반복하고 성장했다고 하니 욕심이 생겨 좀 더 고난이도의 것을 하고 싶어진다. 여기서 도움이 되는 것이 두 번째 모티프다. 아주 단순한 데다 게임에 자주 나오는 체험 디자인이므로, 먼저 다음의 사례를 살펴보자. 제시된 2가지 게임 디자인의 공통점을 찾아보자.

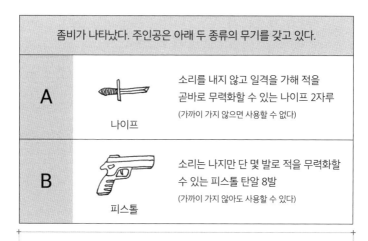

		좀비가 나타났다. 주인공은 아래 두 종류의 무기를 갖고 있다.
A	나이프	소리를 내지 않고 일격을 가해 적을 곧바로 무력화할 수 있는 나이프 2자루 (가까이 가지 않으면 사용할 수 없다)
B	피스톨	소리는 나지만 단 몇 발로 적을 무력화할 수 있는 피스톨 탄알 8발 (가까이 가지 않아도 사용할 수 있다)

무엇으로 쓰러뜨릴까?

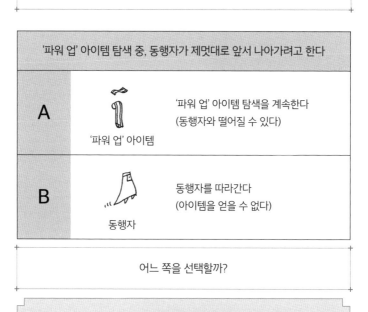

		'파워 업' 아이템 탐색 중, 동행자가 제멋대로 앞서 나아가려고 한다
A	'파워 업' 아이템	'파워 업' 아이템 탐색을 계속한다 (동행자와 떨어질 수 있다)
B	동행자	동행자를 따라간다 (아이템을 얻을 수 없다)

어느 쪽을 선택할까?

두 디자인의 공통점은?

리스크와 리턴

조금 어려웠을 것이다. 이해해주기 바란다. 라스트 오브 어스와 바람의 여행자는 최근에 나온 게임이라서 해본 적 없는 사람도 많고, 상상하기도 어려웠을 것이다. 그래서 이번에는 친숙한 사례 하나를 더 소개하고자 한다. 다음 페이지에는 우리가 잘 아는 슈퍼 마리오의 어떤 조작 방법이 정리되어 있다. B 버튼을 누른 상태로 이동하면 배속으로 뛰어서 이동할 수 있는 기능이다. 'B 대시'라고 통칭하는 이 조작을 하느냐 마느냐에 따라 게임의 체험은 180도 바뀐다.

A 걸으면서 모험을 하면 안정적으로 아이템이나 적에 대처할 수 있지만 속도가 매우 느리다.

B 뛰면서 모험을 하면 민첩한 조작이 필요하지만 속도가 빨라서 기분이 좋다.

'로우 리스크 로우 리턴', '하이 리스크 하이 리턴'의 대비가 보이는가. 이것이 지금 내가 소개하려는 모티프다.

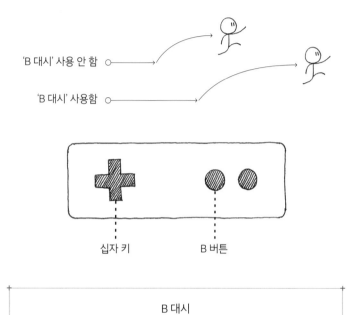

'B 대시' 사용 안 함

'B 대시' 사용함

십자 키   B 버튼

B 대시

선택과 재량으로 성장하는 플레이어

나이프와 피스톨, 아이템과 동행자, 걸을까 뛸까, 각각의 선택지에는 리스크와 리턴이 함께 존재하고, 어느 쪽을 선택한다 해도 일장일단은 있다. 그렇기 때문에 플레이어는 스스로의 감에 의존해 선택하고 자기 나름의 모험을 구성해나간다. 제대로 선택되었을 때 플레이어는 성장을 실감한다.

선택과 재량의 모티프(리스크와 리턴→선택과 재량→성장)

이처럼 성장을 가져다주는 제2의 모티프로 '선택과 재량의 모티프'를 들 수 있다. 단순하면서도 강력한 체험 디자인이다. 앞서 제시한 수집의 모티프와 함께 강력하게 플레이어를 성장시킨다. 하지만 이러한 체험이 플레이어에게 반드시 좋은 것만은 아니다. 이러한 체험은 플레이어에게 큰 스트레스를 주기 때문이다.

선택과 재량을 통해 자신만의 모험을 구성한다

난이도를 조절하는 플레이어

동일한 것을 반복하고 고민하는 체험인 '수집과 반복', 그리고 '선택과 재량'에는 스트레스가 따르는 법이다. 그럼에도 불구하고 플레이어가 '스트레스만 주는 게임은 안 할래!'라고 불평하지 않는 데는 이유가 있다.

먼저, 플레이어가 수집과 반복을 계속하는 이유는 아무리 노력해도 수집 대상을 손에 넣을 수 없을 때 좀 더 쉽게 손에 넣을 수 있는 다른 것을 모으면 되기 때문이다. 플레이어가 용이함을 선택할 수 있는 것, 즉 수집의 모티프는 게임의 난이도를 조절하는 기능을 가지고 있다.

선택과 재량의 모티프도 난이도 조절의 기능을 가진다는 점에서 수집과 반복 모티프와 동일하다. 슈퍼 마리오 B 대시의 경우, 어려운 장면에서는 걸으면 된다. 단지 사용하지 않으면 그뿐인 것이다. 플레이어가 B 대시를 사용할지 말지를 재량함으로써 동시에 게임의 난이도까지 재량한다고 할 수 있다. 이렇듯 플레이어에 의한 난이도 조절은 성장에 있어서 빼놓을 수 없는 요소다.

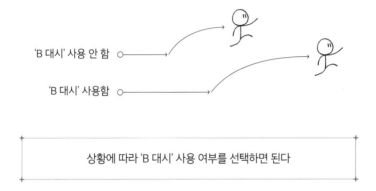

'B 대시' 사용 안 함

'B 대시' 사용함

상황에 따라 'B 대시' 사용 여부를 선택하면 된다

실패를 '내 탓'으로 여기는가

플레이어는 자신의 감으로 난이도를 조절하고, 선택할 수 있는 범위 내에서 최선을 다한다. 쉽게 말하면 플레이어는 내버려 둬도 알아서 '알맞은 난이도'로 플레이한다. 때문에 게임은 수많은 플레이어에게 최대치의 성장을 가져다줄 수 있는 것이다. 매우 효율적인 장치다.

하지만 플레이어가 모든 것을 조절할 수 있는 건 아니다. 플레이어가 명확한 실패를 하면 일부러 내치는 경우도 있다. 슈퍼 마리오를 예로 들면, 들뜬 마음에 B 대시만 눌러대다가는 최약체 적인 쿠리보에게마저 당하게 된다. 여기서 플레이어가 '내 탓'이라고 스스로를 자책하는지가 중요하다. 가공의 이야기에서 마리오가 죽은 것이지만 플레이어가 그것을 타인의 일이 아닌 자신의 일처럼 받아들일 것인가가 문제다. 다시 말해, 게임은 플레이어에게 '실패는 내 탓'이라는 것을 느끼게끔 해야 한다. 잔인하다고 생각할지도 모르지만 말이다.

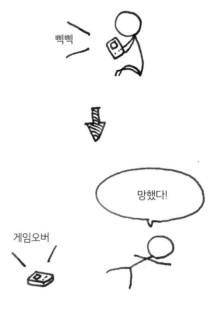

실패를 내 탓으로 여기는가?

게임의 기본은 피드백

어쩔 수 없는 일이다. 플레이어가 '좀 더 잘하고 싶고 성장하고 싶다'고 진심으로 생각하기 위해서는 실패 후에 자신의 일처럼 후회하는 것이 중요하기 때문이다. 대신 게임은 후회한 만큼 플레이어를 칭찬하여 잘하고 있다는 것도 알려준다. 한마디로 게임은 적절히 플레이어를 칭찬하거나 깎아내리는 것뿐이다.

플레이어의 행동에 대한 좋고 나쁨을 평가해주는 것을 게임 업계에서는 '피드백'이라고 부른다. 피드백이 있어야만 플레이어는 스스로의 선택과 재량의 의미를 파악한다. 동시에 '난 잘했어' 혹은 '내가 망쳤어'라며 플레이어 자신이 주어가 되어 체험을 실감할 수도 있다. 플레이어가 아무런 선택도 할 수 없고, 재량도 없으며, 어떤 행동을 해도 돌아오는 리액션이 똑같은 게임은 재미있을 리가 없다. 게임은 언제든 플레이어의 행동에 따른 리액션을 돌려주어야 한다. 그것이 게임의 가장 기본적인 구조다.

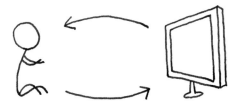

플레이어의 행동에 대한 피드백이 돌아온다

플레이어를 단련시키는 2가지 모티프

게임의 가장 기본적인 구조는 플레이어의 입력에 따른 출력값을 돌려주는 것이다. 이런 성질 때문에 게임은 상호작용적이고 인터랙티브interactive한 미디어로 평가된다. 플레이어의 일거수일투족에 반응하여 상호작용함으로써 게임은 플레이어의 자기효능감을 끌어내고, 성장하고 싶은 기분이 들 때까지 플레이어를 인도한다.

선택과 재량의 모티프(리스크와 리턴→선택과 재량→성장)

지금까지 2가지 성장의 모티프를 살펴보았다. 앞선 2개의 모티프는 솔직하고 진지하게 플레이어를 단련하고, 우회하지 않고 성실하게 플레이어를 갈고 닦아 성장시키고자 했다. 그러나 마지막 성장의 모티프는 정반대의 접근 방식을 취한다. 플레이어의 성장을 방해하고 성장 따위는 가치가 없다며 차갑게 내치는 것이다. 심지어 플레이어의 성장을 방해하는 캐릭터가 주인공에게 아주 중요한 동료다.

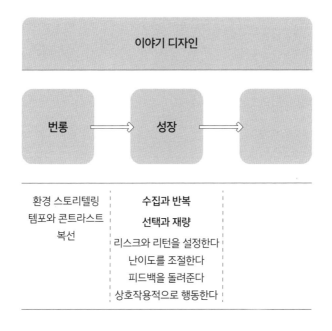

이야기 디자인		
번롱 ⟹	성장 ⟹	
환경 스토리텔링 템포와 콘트라스트 복선	**수집과 반복** **선택과 재량** 리스크와 리턴을 설정한다 난이도를 조절한다 피드백을 돌려준다 상호작용적으로 행동한다	

선택과 재량의 모티프

여행의 동행자

인류 멸망의 위기에 직면한 라스트 오브 어스 세계의 운명을 쥐고, 주인공과 함께 여행하는 동행자 소녀 엘리. 주인공과 완전히 똑같은 겉모습을 하고 갑자기 나타나 제멋대로 돌아다니는 수수께끼 같은 바람의 여행자의 동행자. 두 작품의 공통점은 동행자의 존재다.

라스트 오브 어스의 주인공과 엘리의 만남은 강렬하다. 주인공을 나이프로 찔러 죽이려고 하며 엘리는 등장한다. 여행 도중에 주인공이 엘리를 좀비로부터 지킨 후에도 엘리는 주인공을 믿지 않고 못된 말만 한다. 결론적으로 엘리는 주인공이 싫은 것이다.

한편, 바람의 여행자의 수수께끼 같은 동행자는 특별히 주인공을 싫어하지는 않는다. 수수께끼 같은 동행자와는 애초에 게임 안에서 소통할 수단이 없고(이 게임에는 대화가 등장하지 않기 때문에), 제멋대로 빨빨거리고 돌아다니는 동행자는 그야말로 이해할 수 없는 존재다.

예로 든 두 게임에 등장하는 동행자들에게는 공통점이 있다. 이들은 플레이어가 어떤 공통적 감정을 느끼게 한다.

동행자 행동의 공통점은 주인공이 어떠한 감정을 갖게 하는 것

플레이어의 초조함을 만들어내는 일

두 동행자 모두 플레이어를 초조하게 만드는 행동을 한다. 앞서 제시한 성장의 모티프를 통과한 플레이어는 세계를 구하기 위해 열심히 성장하지만 동행자는 그 성장을 비웃으며 개의치 않는다. 이래서는 플레이어가 노력한 보람이 없다.

일반적으로 여행의 동행자나 모험의 동료는 플레이어와 같은 생각을 가지고 단호히 악에 맞서는 든든하고 상냥한 사람이어야 한다. 그런데 어째서 디자이너는 동행자를 정반대의 존재, 즉 플레이어를 초조하게 만드는 사람으로 설정한 것일까?

이 수수께끼를 처음부터 순서대로 설명하고 싶은 마음이 굴뚝같지만 결론부터 말하겠다. 세 번째 성장의 모티프는 공감에 관한 것이다. 그리고 플레이어가 공감하는 체험을 디자인하는 열쇠가 바로 '성가신 동행자'다. 성가신 동행자는 어째서 공감으로 이어지는가. 애초에 공감이라는 체험은 성장과 어떤 관련이 있는가. 전혀 이해가 되지 않을 것이다. 지금부터 하나씩 설명해보려고 한다.

'○○와 공감'의 모티프
(성가신 동행자→○○와 공감→성장)

도대체 공감이란 뭘까?

성가신 동행자로부터 공감, 성장에 이르기까지 일련의 수수께
끼를 밝혀내려면 우선 '도대체 공감이란 어떤 상태를 가리키는
지'부터 설명을 시작해야 한다. 공감이란 한마디로 '상대방이 자
신과 같은 것에 대해 생각하고 있음이 틀림없다'고 확신하는 상
태를 말한다. 필요한 조건은 3가지다.

첫 번째 조건은 플레이어가 주인공에 대한 흥미를 느끼고
있을 것. 당연히 흥미가 없는 사람에게는 공감할 수 없다. 두 번
째 조건은 플레이어가 '주인공도 자신과 같은 생각을 하고 있음
이 틀림없다'고 믿을 것. 공감의 핵심이다. 세 번째 조건은 미움
이외의 감정으로 공감할 것. '저 녀석이 나쁘다, 밉다'와 같이 타
인에게 책임을 전가하는 사고방식으로는 성장할 수 없기 때문
이다. 이제 이 3가지 조건을 만족시켜서 플레이어가 주인공에
게 공감하도록 체험을 디자인하면 된다.

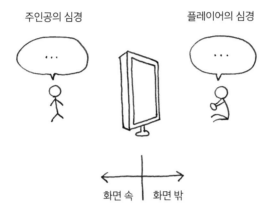

화면 속의 주인공과 화면 밖의 플레이어

플레이어의 흥미를 끌려면

그러나 플레이어가 게임을 시작할 때는 이런 조건이 하나도 만족되어 있지 않다. 플레이어는 게임 화면 속의 주인공을 바깥에서 바라보기만 하는 상태에서 게임을 시작한다. 이런 어색한 상태에서 공감의 첫 번째 조건인 '주인공에 대한 흥미'를 만족시키기 위한 디자인은 조금 끔찍하지만 게임 속 주인공을 철저히 괴롭히는 것이다.

기억을 더듬어 테트리스 분석에서 등장했던 '자이가르닉 효과'를 떠올려보자. 우리는 현시점에서 해결되지 않는 문제에 흥미를 느낀다. 오른쪽 페이지의 수상한 얼룩(이것은 의도적인 디자인이지, 인쇄 실수가 아니다)을 눈치챈 사람들이 이 얼룩을 궁금해하는 것처럼 말이다. 동일한 효과를 이야기의 구조에도 적용할 수 있는데, 이야기에 흥미를 느끼도록 도입부에 반드시 미해결 문제가 제시되는 것이다. 그리고 그 미해결 문제와 가장 강하게 관련되는 가엾은 인물이 바로 주인공이다. 다시 말해, '미해결 문제의 소유자'가 바로 주인공으로 인식되는 것이다. 게임이 주인공을 괴롭히는 것으로 플레이어의 흥미를 끈다는 근거는 하나 더 있다.

화면 속의 주인공과 화면 밖의 플레이어

잔혹한 체험 디자인

우리의 뇌에는 수십 개에 이르는 '미러 뉴런mirror neuron'이 존재한다고 알려져 있다. 미러 뉴런은 쉽게 말해 눈앞에 있는 사람의 감정을 자신의 감정처럼 느끼는 마음의 움직임을 관장하는 신경세포군이다. 눈앞에 있는 상대가 크게 웃으면 자신도 유쾌해지고, 반대로 절망하면 자신도 슬퍼지는 그런 인간적인 마음을 만들어내는 원동력, 그것이 바로 미러 뉴런이다.

플레이어의 마음을 강하게 움직이고 싶다면 주인공의 마음을 강하게 움직이면 된다. 그것이 바로 주인공에게 강렬한 문제를 일으켜 철저히 불행하게 만들고 괴롭히는 '잔혹한 디자인'의 목적이다. 그런 짓은 하고 싶지 않을지도 모르지만 체험 디자인에는 반드시 필요한 스킬이다.

자, 이제 겨우 공감 조건 하나를 클리어했다. 주인공의 불행으로 플레이어가 주인공에게 흥미를 느끼기 시작한 것이다. 그러나 아직은 동행자도 등장하지 않은 상태다. 진정한 공감으로의 길은 멀기만 하다. 다음 조건은 플레이어와 주인공이 같은 생각을 가지는 것으로, 이것이 공감 체험의 시금석이자 운명의 갈림길이다.

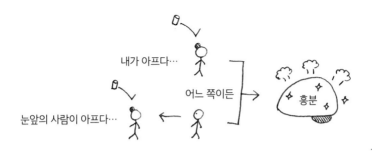

내가 아프다…

어느 쪽이든

흥분

눈앞의 사람이 아프다…

'공감'의 원동력이 되는 '미러 뉴런'

객관적 플레이어와 주관적 주인공

주인공을 괴롭혀서 플레이어의 흥미를 끄는 데에는 성공했다.
그러나 현시점에서 플레이어와 주인공은 이렇게 느낀다.

플레이어 '주인공이 괴롭겠다, 슬프겠다'라는 객관적 느낌
주인공 '나는 괴롭다, 슬프다'라는 주관적 느낌

주관과 객관, 기분의 방향이 완전히 정반대다. 이대로 두면
시간이 아무리 흘러도 플레이어는 '주인공도 나와 같은 기분일
거야'라고 생각하지 못한다. 이상적인 최종 목표는 플레이어 자
신이 주관적으로 무언가를 느끼는 상태이므로 플레이어의 기분
을 객관에서 주관으로 180도 전환해야 한다.
　여기서 질문이다. 공감을 실현하기 위해 디자이너가 실현
하고자 하는 것은 플레이어와 주인공이 함께 '○○은 ○○이야'라
고 느끼게 하는 것이다. 이때 앞의 ○○에 플레이어도 주인공도
아닌 누군가를 등장시키면 효과적인데, ○○에 들어갈 인물은
누구일까?

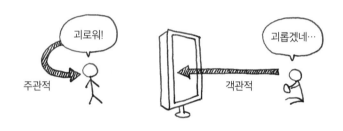

화면 속의 주인공과 화면 밖의 플레이어

동행자의 역할

누군가 떠올랐는가? 여기서 드디어 '성가신 동행자'가 등장한다. 성가신 동행자는 주인공의 모험을 방해하고 악다구니를 쓰며 이해되지 않는 행동만 한다. 이때 플레이어와 주인공의 상태는 이렇게 변한다.

플레이어 '동행자가 짜증 나게 하네'라는 주관적 느낌
주인공 '동행자가 짜증 나게 하네'라는 주관적 느낌

기분의 방향이 보기 좋게 일치했다. 이것이 바로 디자이너가 원하던 것이다. 기분의 방향을 주관으로 맞추는 것이 바로 공감의 첫걸음이다. 그러나 곰곰이 생각해보니 플레이어도 주인공도 짜증만 내고 있을 뿐, 그다지 바람직한 상황은 아니다. 도대체 왜 동행자는 성가신 존재여야만 할까? 뛰어난 동행자와 함께라면 '동행자가 대단하군' 하고 공감할 수도 있는 것 아닌가? 물론 마땅한 이유가 있다. 정말 왜 동행자는 성가셔야 할까?

화면 속의 주인공과 화면 밖의 플레이어

주인공 곁에서 문제를 만드는 동행자

이유는 2가지다. 첫 번째는 동행자가 주인공 바로 곁에서 계속해서 문제를 발생시킬 수 있기 때문이다. 문제의 발생원이 모르는 누군가라면 무시할 수 있지만 동행자이기 때문에 무시할 수가 없는 것이다. 다시 말해, 동행자는 계속해서 문제를 만들어 내야 하는 숙명을 지니고 있다. 성가신 동행자는 이야기를 앞으로 밀고 나가는 동시에 주인공에게로 플레이어의 흥미를 끌어당기는 엔진이 된다.

　동행자가 성가셔야 하는 또 한 가지 이유는 세 번째 공감 조건인 '미움 이외의 감정으로 공감한다'와도 관련되는데 여기서 실험을 해보자. 갑작스럽겠지만, 당신이 지금 가장 싫어하는 사람을 떠올려보자(떠올리기도 싫겠지만). 떠올렸다면 다음 페이지로 넘어가자.

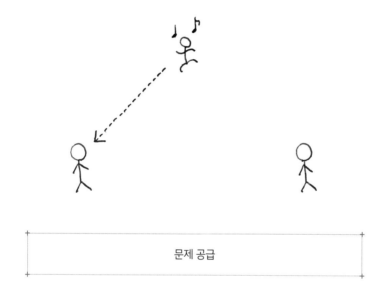

문제 공급

싫은 사람도 끌어안는 성장

이제 당신이 떠올린 그 사람을 지금 당장 좋아해라. 어떤가, 좋아지는가? 그렇지 않을 것이다. '그 사람은 좋은 사람이니까 다시 생각해봐!'라고 말해도 쉽사리 고개를 끄덕이지는 못할 것이다. 개인적인 얘기라 쑥스럽지만, 나 역시 그렇지 못해서 인생이 괴롭다. 싫은 사람을 받아들이고, 좋은 친구나 동료가 되었다면 내 인생은 얼마나 아름다웠을까? 싫어하는 감정을 초월하여 공감할 수 있었다면 나는 대단히 큰 인물로 성장할 수 있었을 것이다.

이것이 바로 동행자가 성가셔야 하는 두 번째 이유다. 공감을 통한 성장이란 미움을 극복하는 것을 가리킨다. 이러한 성장을 플레이어에게 가져다주려면 동행자가 성가신 존재로서 등장해야 한다. 물론 싫은 사람을 좋아하는 일은 난이도가 매우 높다. 그러한 체험을 도대체 어떻게 실현했는가 하면, 실은 아주 간단하다.

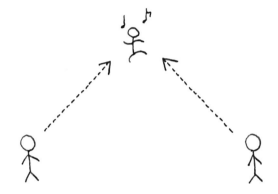

성가신 동행자에 대한 생각을 바꾸자

성가신 동행자를 벼랑 끝으로 몰고 가는 것

동행자가 좋아질 만한 에피소드를 집어넣고 동행자를 죽음과 절망의 벼랑 끝으로 몰아넣으면 된다. 굉장히 성질이 나쁜 디자이너지만 플레이어가 공감을 통해 성장하려면 디자이너는 악이 되어야 한다.

라스트 오브 어스의 성가신 동행자 엘리는 기근에서 살아남으려고 인육까지 먹는 집단의 우두머리에게 잡혀 절체절명의 위기를 맞는다. 바람의 여행자의 동행자는 목표 지점인 산꼭대기 부근에서 심한 눈보라에 휩쓸려 맥없이 쓰러진다. 동행자가 쓰러진 플레이어와 주인공은 함께 놀랄 것이다.

이것이 플레이어와 주인공이 미움 이외의 감정으로 공감하는 순간이다. 처음에는 동행자에게 휘둘려 짜증이 나던 플레이어와 주인공도 이야기가 종반에 이르자 마음이 풀리면서 동행자에 대한 미움을 극복할 수 있다. 플레이어는 미움을 초월하여 공감할 수 있을 정도로 성장한 것이다.

어느덧 공감에 대한 설명도 끝이 났고, 성장에 대한 논의도 막바지에 들어섰다. 그럼 지금까지의 논의를 정리해보자. 대단히 수고가 많았다!

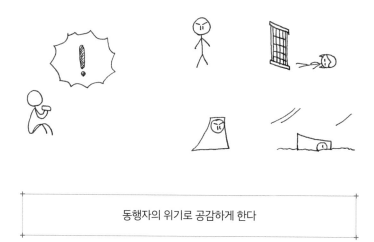

동행자의 위기로 공감하게 한다

성장의 끝이 아니면 도달할 수 없는 체험

지금까지 플레이어에게 성장을 가져다주는 3가지 모티프를 살펴보았다. 모두 이야기 디자인 2단계 '성장'에 활용되는 모티프다.

수집과 반복의 모티프(빈자리와 전체상→수집→성장)

선택과 재량의 모티프(리스크와 리턴→선택과 재량→성장)

번의와 공감의 모티프(성가신 동행자→번의와 공감→성장)

이 3가지 성장의 모티프를 통해 플레이어는 성장한다. 가공의 이야기 속에서 일어나는 주인공의 성장과 현실 세계에서 일어나는 플레이어의 성장, 주인공과 플레이어의 성장이 포개졌을 때 게임을 하는 체험은 단순한 오락에서 플레이어를 성장시키는 수단으로 그 의미가 바뀐다. 이제 이야기도 종반으로 접어들었다. 성장을 거듭해온 주인공과 플레이어는 완전히 강해졌다. 그런 둘을 기다리고 있는 것은 너무나도 잔혹하게 마음을 헤집는 마지막 체험이다.

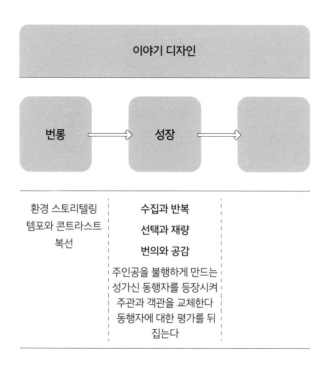

이야기 디자인

번롱	→	성장	→	

| 환경 스토리텔링
템포와 콘트라스트
복선 | **수집과 반복**
선택과 재량
번의와 공감
주인공을 불행하게 만드는
성가신 동행자를 등장시켜
주관과 객관을 교체한다
동행자에 대한 평가를 뒤
집는다 | |

번의와 공감의 모티프

플레이어를 뒤흔드는 마지막 체험

라스트 오브 어스

소녀 엘리는 인류에서 단 한 명, 세계를 좀먹는 균에 대한 내성을 가진 존재다. 반정부 조직은 엘리를 통해서 백신을 만들어 세계를 구하려 한다. 하지만 그러기 위해서는 큰 희생을 치러야 한다. 엘리의 뇌를 적출해야만 백신을 만들 수 있는 것이다. 다시 말해 백신과 엘리의 목숨을 교환해야 하는 것이다. 이를 알게 된 주인공 조엘은 엘리를 구하기 위해 홀로 반정부 조직에 맹렬히 뛰어들어 치열한 전투를 치르고서야 수술실에 도착한다. 그곳에는 마취로 잠든 엘리와 목숨을 구걸하는 무방비 상태의 의사, 간호사가 있다. 당신이라면 어떻게 하겠는가? 눈물을 흘리며 '제발 쏘지 말라'고 애원하는 의사와 간호사를 살려줄 것인가, 아니면 쏴 죽일 것인가?

바람의 여행자

눈보라에 쓰러진 동행자에 이어 주인공도 맥없이 쓰러진다. 그러자 세계는 빛에 휩싸이고, 불가사의한 존재에 의해 힘이 주어진 주인공과 동행자는 구름을 지나 산꼭대기로 날아간다. 맑게 갠 하늘이 펼쳐진 구름 위, 미지의 에너지로 가득한 산꼭대기로 향하는 길을 둘은 기분 좋게 날아간다. 어느새 산꼭대기를 향한 여행도 끝이 보이기 시작한다. 도착한 산꼭대기에는 빛이 쏟아지는 골짜기와 그곳으로 이어지는 외길이 있다. 그 빛 속으로 들어갔을 때 무슨 일이 일어날지는 아무도 모른다. 좋은 일이 생길지 나쁜 일이 생길지 도무지 알 수 없고, 동행자와 헤어지게 될지도 모른다. 당신이라면 어떻게 하겠는가? 마음을 정하고 빛 속으로 뛰어들어 여행을 끝낼 것인가, 아니면 여기서 멈출 것인가?

목숨 교환, 미지의 체험, 그리고 해석의 여지

공통점은 2가지다.

목숨 교환의 모티프 플레이어가 미래를 정하는 체험
미지의 체험 모티프 플레이어가 해본 적 없는 체험

주인공은 공감하여 소중히 여기는 동행자의 생사를 결정해야 한다. 지금까지 한 번도 겪어보지 못한 상황에서 자신의 판단력으로 모든 걸 선택해야 한다. 게임은 그러한 체험을 가져다주기 위해 가공의 이야기를 해왔다고 해도 과언이 아니다. 모든 것은 플레이어 자신이 스스로의 의지를 갖는 체험을 위해서 존재해왔다.

그런 의미에서 이야기 디자인의 3단계는 '의지'다. 플레이어가 의지를 갖는다는 것은 바꿔 말해 플레이어 자신이 스스로의 이야기를 그리려 하는 것이나 다름없다. 타인이 부여한 이야기가 아닌 스스로 결정하는 이야기 말이다. 번롱과 성장의 끝에서, 플레이어는 스스로의 의지로 이야기를 만들어가기 시작한다.

실제로 두 작품이 출시된 후 인터넷상에는 '난 이렇게 결정

했다'는 발언이 수도 없이 쏟아졌다. 작품에 대한 호평을 세상에 알리고 싶은 마음도 물론 있었을 것이다. 그러나 밑바탕에는 자신이 그린 이야기를 들려주고 싶은 마음이 깔려 있을 것이다. 자신의 머리로 근사한 생각에 이르렀는데 잠자코 있기는 물론 어려운 법이다.

이런 마음을 이용해서 마지막 모티프로는 '해석의 여지 모티프'를 추가하고자 한다. 이야기 속에 밝혀지지 않은 부분을 일부러 남겨둠으로써 플레이어들이 '나는 어떻게 생각하는지' 이야기 나누도록 하는 것이다. 플레이어들의 해석이 다르면 다를수록 그 작품은 호평을 받을 것이다.

해석의 여지를 포함하는 이야기는 '내 생각은 이렇다'라는 해석으로 이야기될 때마다 그 형태를 바꾸어가며 인류의 오랜 역사를 헤쳐 왔다. 그중에서도 가장 오랜 시간 동안 인류와 함께 살아남은 이야기가 있다.

신화의 결말

그것은 바로 신화다. 신화학의 거인, 조지프 캠벨Joseph Campbell은 세상에 존재하는 수많은 신화를 분석하여 모든 신화에 공통되는 형식의 존재를 시사했다. 그 이름도 유명한 '영웅의 여행'은 다음 페이지의 그림과 같은 원환 구조로 되어 있다.

천명을 알게 되고, 뜻을 정하여 길을 떠나, 경계를 넘어서 동료와 만난다. 커다란 시련에 맞서 변모하고 성장하여 시련을 극복한다. 여기까지는 역시 영웅의 여행이라는 이름에 부끄럽지 않은 흐름처럼 느껴지는데, 문제는 마지막 '집으로 돌아간다'는 부분이다. 영웅의 행동으로 보기에는 대단히 서민적이고 태평할 정도로 초라한 느낌이 드는 결말이다. 그러나 라스트 오브 어스도, 바람의 여행자도, 엔딩에서는 동일한 결말이 그려진다. 게임의 시작점으로 되돌아가는 것, 이것이 두 게임의 공통적 결말이다.

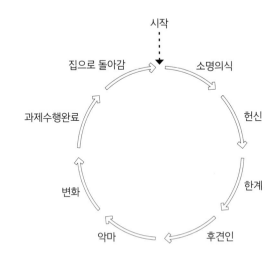

영웅의 여행

왜 이야기는 시작으로 돌아가는가

라스트 오브 어스에서는 엘리를 구하는 대신에 인류를 구할 방법이 사라진다. 괴롭고 혹독한 여행의 결과는 주인공 조엘과 엘리가 둘이서 여행을 떠나기 전의 상황으로 되돌아가는 것이다. 급기야 엘리가 마취로 잠들어 있을 때 일어난 일을 두고 말다툼을 벌이는 두 사람. 이것이 슬프지만 '우리의 결말The Last of Us'이다.

바람의 여행자도 마찬가지다. 산꼭대기에서 빛의 계곡에 뛰어든 주인공은 빛의 구슬이 되어 시작점으로 되돌아온다. 플레이어는 자연스럽게 '게임 도입부에서 봤던 불가사의한 빛이 나의 모습이었을까? 이제 나는 다시 여행을 떠나는 걸까?'라고 생각하게 될 것이다.

여기서 이제 마지막 질문을 하려고 한다. 라스트 오브 어스와 바람의 여행자를 포함한 게임들은 왜 모두 결말에서 시작점으로 되돌아가는 걸까?

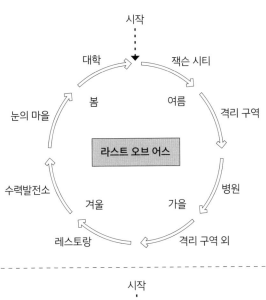

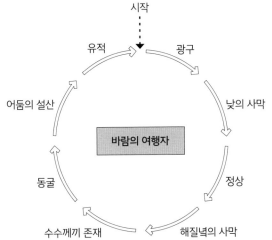

'영웅의 여행'을 통해 분석한 두 작품

집으로 돌아오는 여행은 의미가 없다?

이 책에서는 세 번째 등장하게 되는데, 체험 디자인에서 난제에 맞서려면 플레이어의 기분을 생각하는 것이 지론이다. 플레이어는 게임의 최후까지 오랜 시간에 걸쳐 이야기 디자인을 통과해왔다. 번롱을 통해 성장하고 스스로의 의지를 갖게 되어 스스로가 그린 이야기를 스스로 이야기하고 싶어지는 체험이었다. 특히 성장이라는 체험에서는 수집과 반복, 선택과 재량, 번의와 공감과 같은 거친 체험을 열심히 헤쳐 나왔다. 다시 말해, 몹시 힘든 여행이었다. 라스트 오브 어스는 수십 시간, 바람의 여행자는 수 시간을 들인 이 긴 여행도 이제 막바지에 다다랐다.

그런데 마지막에 시작점으로 되돌아가며 게임은 끝이 난다. 긴 시간을 소비한 의의가 전혀 없는, 한낱 헛수고였다고 해도 어쩔 도리가 없어 보이는 결말이다. 하지만 정말로 그럴까? 예를 들어 여행은 어떤가. 돈과 시간을 할애하여 여행을 즐기고 나면 마지막에는 시작점인 집으로 돌아오는 것이 당연하다. '결국 집으로 돌아오니까 여행에는 의의가 없어. 모두 헛수고야'라고 생각하는 사람은 없을 것이다.

괴로운 여행의 결과는 시작점으로 되돌아가는 것뿐이었다.
이런 여행에 무슨 의미가 있는가

체험을 통한 성장을 깨닫게 하기 위해서는

여행은 여행이라는 체험 자체가 본질이다. 물론 집으로 돌아오면 여행은 끝이 나고 사람들은 일상으로 돌아가지만 여행이라는 체험을 통해 당신은 성장하고, 여행을 가기 전과 다녀온 후의 당신은 다른 사람일 것이다. 그것이 바로 여행의 의의다. 게임도 마찬가지다. 게임이라는 체험 자체가 본질이며, 체험을 통해 플레이어가 바뀌는 것에 그 의의가 있다.

그러나 아직 문제는 남아 있다. 게임은 체험을 통해 플레이어를 성장시키지만 플레이어가 자신의 성장을 깨닫지 못하면 의미가 없기 때문이다. 지금 이 책을 읽고 있는 당신도 마찬가지다. 오늘의 당신은 어제의 당신과 비교하여 성장했겠지만 그 성장을 스스로 실감할 수 있는가? 우리는 번번이 자신의 성장을 인식하지 못한다. 그렇다면 이 문제는 어떻게 대처해야 할까?

이야기가 끝나고 일상으로 돌아간 후에도 의미가 남는다

과거의 나와 지금의 나

이 문제의 대처법이 바로 이야기의 끝에서 플레이어를 시작점으로 되돌리는 디자인이다. 영웅의 여행의 최종 단계가 '집으로 돌아간다'인 이유도 같다. 이야기를 통과하여 성장한 플레이어에게 스스로의 성장을 일깨워주고 싶기 때문에 굳이 시작점인 집으로 그를 되돌려 체험을 통과하기 전후의 자신을 비교하게 하는 것이다. 이야기의 사명은 이야기를 받아들이는 자를 성장시키는 것이다. 그렇기 때문에 영웅의 여행은 '집으로 돌아가는' 구조로 되어 있다. 이러한 이야기의 구조가 인류 역사상 보편적이었다는 것은 우리 인간이 아직 문자조차 갖지 못한 무렵부터 오로지 성장을 바라왔음을 증명하기도 한다.

시간을 초월하여 기억을 연결하고 성장을 깨닫게 한다. 이야기 전체를 통해 이러한 체험 디자인을 완수하는 것이 '시작으로 돌아간다'는 모티프다. 그런데 내내 미루고 있던 해설이 아직 남아 있다. 기억하고 있는가?

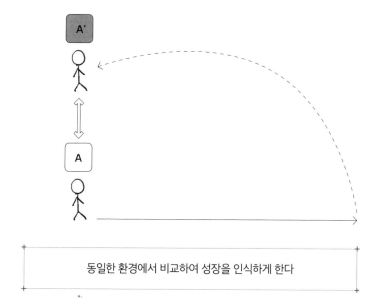

동일한 환경에서 비교하여 성장을 인식하게 한다

그들은 플레이어에게 어떤 성장을 가져다주었나

라스트 오브 어스의 도입부에서 자신을 죽여 달라고 애원하는 남자가 있었던 걸 기억할 것이다. 그는 룰을 전달하는 실무적 기능을 하고 있는데, 실은 그에게 또 한 가지 숨겨진 기능이 있다.

게임 시작 직후, 이 남자는 진짜 사람을 죽여야 하는 건지, 플레이어를 당황스럽게 만든다. 그러나 거기 숨겨진 진의는 게임을 한번 클리어하고 두 번째 플레이할 때 비로소 알 수 있다. 첫 번째 플레이 때는 당황스러워했던 플레이어도 두 번째 플레이에서는 귀찮으니까 쏘거나, 총알이 아까우니까 쏘지 않는 등 침착하게 즉시 대처한다. 플레이어는 문득 깨닫는다. '음, 첫 번째 플레이와 비교해보니 나도 꽤 성장했구나.' 이렇듯 라스트 오브 어스는 역경과 혼란 속에서도 냉정하게 대처해 살아남는 강인함의 형태로 플레이어가 달성한 성장을 명확히 인식시킨다.

한편, 바람의 여행자는 우발적인 만남이라도 서로 배려하며 살아가려는 유연함의 형태로 플레이어를 성장시킨다. 두 번째 플레이에서 플레이어는 첫 번째와는 완전히 다르게 동행자를 상냥하게 이끈다. 이것이야말로 플레이어 자신이 성장했다는 증거이자 게임의 의의를 증명하는 것이다.

이야기 디자인

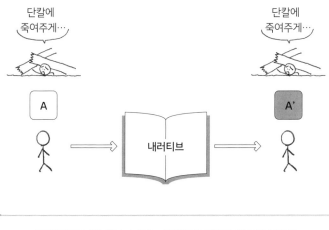

죽여 달라고 애원하는 남자는 플레이어 성장의 복선이 되었다

이야기 디자인의 구조

'게임에 의의가 있는가?'라는 심각한 물음에서 시작한 3장도 이 제 종착점에 이르렀다. 그럼 이제 이야기 디자인의 전체상을 정 리해보자.

1. 번롱: 이야기를 이해하려는 플레이어를 번롱하여 이야기 하게 한다.
2. 성장: 이야기 속 주인공과 마찬가지로 플레이어를 성장 시킨다.
3. 의지: 플레이어 자신의 의지로 운명을 개척한다.

여행과 마찬가지로 게임은 체험 그 자체를 통해 탄생하는 플레이어 자신의 이야기에 의의가 있다. 이 책을 쓰며 많은 이들 에게 물었다. '가장 추억이 많은 게임은 무엇인가?' 모두 즐겁게 이야기해주었다. 우리는 인상적인 기억이 있기 때문에 이야기 할 수 있다. 사람은 기억이 있어야 이야기할 수 있다. 마지막 장 에서는 체험과 기억의 관계에 대해 조금 더 생각해보고자 한다.

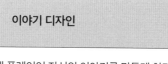

이야기 디자인

| 원칙 | 체험을 통해 플레이어 자신의 이야기를 만들게 한다 |

번롱 ⟹ 성장 ⟹ 의지

환경 스토리텔링
템포와 콘트라스트
복선

수집과 반복
빈자리를 제시한다 / 전체상을 예
상하게 한다 / 리듬을 붙인다 / 문
제를 미해결 상태로 둔다

선택과 재량
리스크와 리턴을 설정한다 / 난이
도를 조절한다 / 피드백을 돌려준
다 / 상호작용적으로 행동한다

번의와 공감
주인공을 불행하게 만드는 성가
신 동행자를 등장시켜 주관과 객
관을 교체한다 / 동행자에 대한
평가를 뒤집는다

목숨 교환
미지의 체험
해석의 여지
시작으로 돌아가다

3장 '이야기 디자인' 요약

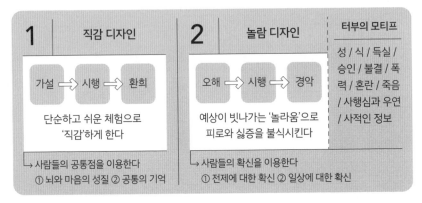

1 직감 디자인

가설 ⇒ 시행 ⇒ 환희

단순하고 쉬운 체험으로
'직감'하게 한다

↳ 사람들의 공통점을 이용한다
① 뇌와 마음의 성질 ② 공통의 기억

2 놀람 디자인

오해 ⇒ 시행 ⇒ 경악

예상이 빗나가는 '놀라움'으로
피로와 싫증을 불식시킨다

↳ 사람들의 확신을 이용한다
① 전제에 대한 확신 ② 일상에 대한 확신

터부의 모티프

성 / 식 / 득실 /
승인 / 불결 / 폭
력 / 혼란 / 죽음
/ 사행심과 우연
/ 사적인 정보

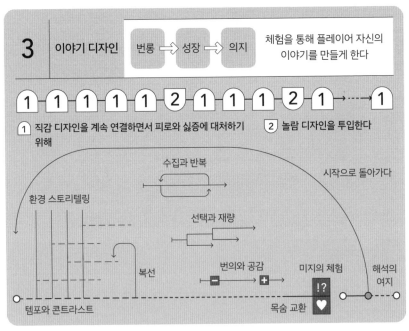

3 이야기 디자인

번롱 ⇒ 성장 ⇒ 의지

체험을 통해 플레이어 자신의
이야기를 만들게 한다

1 1 1 1 1 2 1 1 1 2 1 → ┈ → 1

1 직감 디자인을 계속 연결하면서 피로와 싫증에 대처하기
위해

2 놀람 디자인을 투입한다

수집과 반복

시작으로 돌아가다

환경 스토리텔링

선택과 재량

복선

번의와 공감
－ ＋

미지의 체험
!?
♥

해석의
여지

템포와 콘트라스트

목숨 교환

4장

체험 디자인

마음을 움직이는
'체험 디자인'

체험과 기억, 이 둘의 관계를 살펴보기에 앞서 책에서 제시한 3가지 체험 디자인을 정리해보자.

1. 직감 디자인: 가설→시행→환희

2. 놀람 디자인: 오해→시행→경악

3. 이야기 디자인: 번롱→성장→의지

돌이켜 생각해보면 게임은 여러 체험 디자인을 통해 플레이어의 감정을 움직인다. 기쁨, 노여움, 슬픔, 즐거움. 수많은 감정을 하나씩 풀어내며 문맥을 만들고 플레이어의 마음을 움직이는 것, 그것이 체험 디자인의 정체다. 그리고 마음이 움직이는 체험을 한 결과, 플레이어에게는 게임을 즐긴 추억의 형태로 기억이 남을 것이다. 체험, 기억, 그리고 감정. 이 셋의 관련성을 정리하고 나면 이 추측은 확신으로 바뀐다.

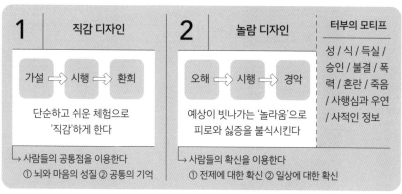

| 1 | 직감 디자인 | | 2 | 놀람 디자인 | 터부의 모티프 |

1 직감 디자인

가설 ⇨ 시행 ⇨ 환희

단순하고 쉬운 체험으로
'직감'하게 한다

↳ 사람들의 공통점을 이용한다
① 뇌와 마음의 성질 ② 공통의 기억

2 놀람 디자인

오해 ⇨ 시행 ⇨ 경악

예상이 빗나가는 '놀라움'으로
피로와 싫증을 불식시킨다

↳ 사람들의 확신을 이용한다
① 전제에 대한 확신 ② 일상에 대한 확신

터부의 모티프

성 / 식 / 득실 /
승인 / 불결 / 폭
력 / 혼란 / 죽음
/ 사행심과 우연
/ 사적인 정보

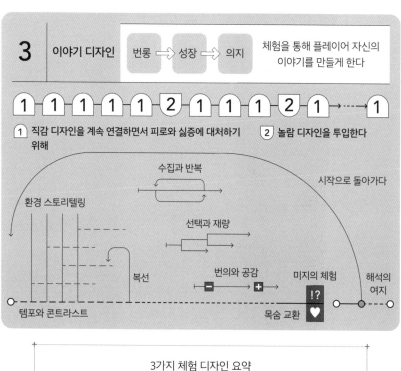

3 이야기 디자인

번롱 ⇨ 성장 ⇨ 의지

체험을 통해 플레이어 자신의
이야기를 만들게 한다

1 1 1 1 1 2 1 1 1 2 1 ----▸ 1

1 직감 디자인을 계속 연결하면서 피로와 싫증에 대처하기
위해

2 놀람 디자인을 투입한다

수집과 반복

시작으로 돌아가다

환경 스토리텔링

선택과 재량

복선

번의와 공감
− ➜ +

미지의 체험
!?
♥

해석의
여지

템포와 콘트라스트

목숨 교환

3가지 체험 디자인 요약

기억의 종류

기억은 크게 장기기억, 단기기억, 감각기억으로 나뉜다. 장기기억은 말 그대로 오래 기억해둘 수 있는 기억으로, 이 책에서 말하는 기억은 장기기억이다. 장기기억은 더 세밀하고 의식적으로 떠올릴 수 있는 진술 기억과 의식적으로 상기할 수 없는 비진술 기억으로 다시 나뉜다. 물론 '기억하지 못하는 기억은 기억이라고 부를 수 없지 않을까?'라고 생각할지도 모른다. 그러나 비진술 기억은 자전거 타는 법을 말로는 설명할 수 없는 것과 같다고 생각하면 되겠다.

한편, 말로 표현할 수 있는 진술 기억에는 2가지 종류가 있다. 첫째는 의미 기억이다. 의미 자체에 대한 기억으로, 장기 보존에 적합한 효율적인 기억이다. 둘째는 에피소드 기억이다. 에피소드란 육하원칙에 입각한 정보를 가리키므로 이른바 체험 기억이라고도 할 수 있다. 의미 기억과 체험 기억을 구분하는 연습 문제가 다음 페이지에 준비되어 있다. 다음 기억이 의미 기억인지 체험 기억인지 생각해보자.

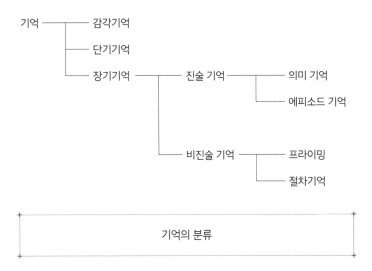

기억의 분류

어떤 기억이 오래 보관될까?

- 1492년, 콜럼버스, 아메리카 대륙 발견
- 콜럼버스가 아메리카 대륙을 발견한 해는 1492년이라고 사회 수업 시간에 배웠다.

전자가 의미 기억, 후자가 에피소드 기억이다. 뇌에 새겨지는 기억은 모두 다음의 2가지 단계를 밟게 된다.

1. '수업 시간에 배웠다'라는 체험이 에피소드 기억으로 생성된다.
2. 연호와 사건만으로 이루어진 의미 기억이 에피소드 기억에서 생성된다.

체험은 일단 뇌에 에피소드 기억으로 저장된 후, 의미 기억으로 변환되어 장기 보존된다. 강렬한 에피소드 기억은 그대로 보존되기도 한다. 여기서 포인트는 어떤 에피소드 기억을 오래 보존할 것인지, 그 선별 기준이다. 대체 어떤 에피소드가 강하게, 오랫동안 마음에 남을까?

체험 디자인

에피소드 기억

마음이 움직였다는 증거

그것은 감정이 강하게 움직였는지 아닌지로 결정된다. 호들갑스럽게 밝히는 것이 민망할 정도로 당연한 얘기다. 어떤 체험에서 감정이 움직였다면 그 체험은 오랫동안 기억에 남는다. '체험→감정→기억'의 흐름은 늘 우리의 인생을 움직이고 있다. 이렇게도 말할 수 있다. 당신이 지금 여전히 기억하고 있는 것들은 당신의 감정을 강하게 뒤흔들었던 체험이었을 거라고. 사람들이 기억하고 있는 게임 속 명장면들에는 반드시 사람들의 마음을 움직이는 체험 디자인이 숨어 있다. 또한 당신이 기억하고 있는 게임 장면들에는 당신의 마음을 움직이는 체험 디자인이 숨어 있다.

체험이 현재형이라면 기억은 과거형, 체험은 다시 기억의 현재형이다. 당신의 기억을 더듬어 가는 것에서 당신의 체험 디자인은 시작된다. 기억만 있으면 된다. 당신이라는 사람의 감정을 확실히 움직였던 체험, 즉 기억을 든든한 토대로 하여 많은 사람들의 마음을 움직이는 체험을 디자인해나가면 되는 것이다.

체험 $=$ 육하원칙 $+$ 감정 $+$ 현재형

기억 $=$ 육하원칙 $+$ 감정 $+$ 과거형

체험과 기억

수많은 학문 영역의 도움이 필요하다

그런데 만약 자신을 기점으로 한 체험 디자인에 자신이 없다면 다른 방법도 있다. 다양한 학문이 인간의 체험과 기억을 연구 영역으로 삼고 있기 때문에 학문적 견지를 바탕으로 체험 디자인을 시작하는 방법이다.

그러나 문제가 있다. 마음을 움직이는 체험을 만들기 위한 학문은 단독으로 존재하지 않는다는 것이다. 체험 디자인에 관한 지견은 여러 학문 분야를 걸쳐 확대되고 있다. 게다가 정보 기술의 발달로 각각의 연구 영역이 연결되어 새로운 지견도 생겨나고 있다. 그렇기 때문에 체험 디자인은 다양한 직업과 전문성을 가진 사람들이 모여 협력하면서 연구해야 할 메타적·학제적 연구 영역이 될 것이다.

'어떻게 마음을 움직이는 체험을 만들 것인가.' 그것은 우리 삶의 방식을 좌우하는 본질적인 물음이다. 그러나 안타깝게도 지금의 사회는 그러한 물음을 고려하여 디자인되어 있지 않다. 사회 구조, 기업과 조직, 학교 교육, 나날의 생활… 다양한 곳에서 체험 디자인의 개념이 활용된다면 인류는, 사회는, 그리고 당신의 인생은 어떤 식으로 바뀔까? 문득 그런 상상을 하게 된다.

체험 디자인

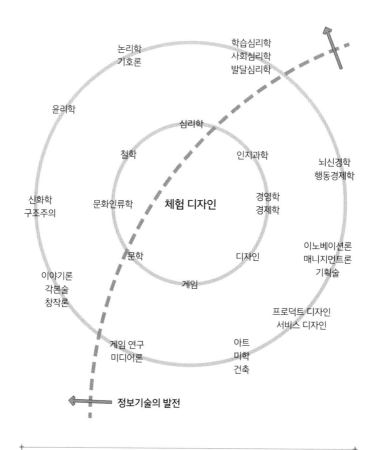

논리학
기호론

학습심리학
사회심리학
발달심리학

윤리학

심리학

철학

인지과학

뇌신경학
행동경제학

신화학
구조주의

문화인류학

체험 디자인

경영학
경제학

이노베이션론
매니지먼트론
기획술

문학

디자인

이야기론
각본술
창작론

게임

프로덕트 디자인
서비스 디자인

게임 연구
미디어론

아트
미학
건축

정보기술의 발전

체험 디자인 관련 연구 영역군
(필자의 견해이므로 부족함이 많을 것이다)

부록

살아가며
체험을 만드는 방법

— 실천편 —

플레이어의 마음을 움직이는 체험을 어떻게 만들 것인가. 지금까지 논의한 체험 디자인 방법을 한 페이지로 밀도 있게 응축하여 복습해보기로 하자.

1. 직감 디자인: 가설→시행→환희

2. 놀람 디자인: 오해→시행→경악

3. 이야기 디자인: 번롱→성장→의지

직감 디자인은 체험 디자인에서 가장 기본이 되는 체험이다. 틀에 박힌 체험을 자발적 체험으로 바꿔 플레이어 스스로가 직감적으로 행동하도록 돕고, 나아가서는 '나도 모르게 하게 되는' 체험을 디자인하기 위한 수법이다. 사람들의 뇌와 마음의 공통된 성질과 기억을 이용하여 단순하고 쉽게 체험을 디자인함으로써, 모든 플레이어가 가설을 시행하고 가설이 옳다는 것을 스스로 깨달아 환희를 느끼게끔 한다.

그러나 직감 체험에는 문제가 있다. 연속된 직감 디자인은 플레이어에게 피로와 싫증을 초래하여 체험 자체를 멈추게 할 수 있기 때문이다. 그래서 '나도 모르게 푹 빠지게 되는' 체험을 디자인하기 위해 함께 필요한 것이 놀람 디자인이다. 놀람 디자인은 전제에 대한 확신과 일상에 대한 확신을 이용하여 플레이어의 예상을 뒤집음으로써 놀라움을 준다.

이 2가지 체험 디자인을 조합하여 직감적이고 질리지 않는 장시간의 체험을 구성할 수 있다. 하지만 그 체험에 의의가 없다면 플레이어의 마음은 결코 움직이지 않을 것이다. 그래서 필요한 것이 바로 이야기 디자인이다. 상황을 이해하려는 플레이어를 번롱하고 성장하게 만들어 스스로 의지를 갖기까지 이야기를 통해 체험에 의의를 부여한다.

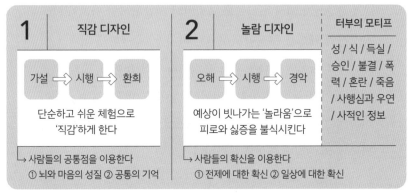

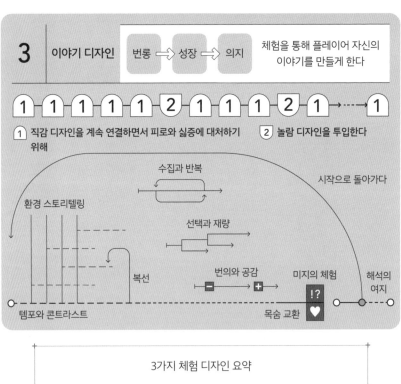

3 이야기 디자인   번롱 ⇒ 성장 ⇒ 의지   체험을 통해 플레이어 자신의
이야기를 만들게 한다

1 1 1 1 1 2 1 1 1 2 1 → ⋯ → 1

1 직감 디자인을 계속 연결하면서 피로와 싫증에 대처하기
위해

2 놀람 디자인을 투입한다

수집과 반복

환경 스토리텔링

시작으로 돌아가다

선택과 재량

복선

번의와 공감

미지의 체험

해석의
여지

템포와 콘트라스트

목숨 교환

3가지 체험 디자인 요약

부록: 실천편

여기서부터는 실천편이다. 이 책에서 논의해온 3가지 체험 디자인을 일과 생활에서 어떻게 활용할 수 있는지 다음의 5가지 구체적인 테마를 통해 살펴보기로 하자.

1. 생각하다: 기획

2. 의논하다: 퍼실리테이션(facilitation)

3. 전달하다: 프레젠테이션(presentation)

4. 설계하다: 프로덕트 디자인(product design)

5. 육성하다: 매니지먼트(management)

다만, 여기에 주의할 점이 있다. 기획을 예로 들자면, 지금부터 논할 내용은 '좋은 기획을 내기 위한 방법'이 아니다. 기획이라는 체험을 재설계하여 '나도 모르게' 기획을 생각하고, 생각하는 일에 푹 빠지고, 생각하는 일의 의의를 깨닫고, 누군가에게 말하고 싶어지는 체험을 만드는 것이 목적이다. 물론 그 결과로 좋은 기획이 나올 가능성은 높아질 것이다. 하지만 어디까지나 직접적으로 좋은 기획을 내기 위한 방법을 알려주는 것이 아니라는 점을 알아두기 바란다.

이것은 체험 디자인 자체에도 적용할 수 있다. 체험이란 항상 시간과 함께 흘러가는 과정 그 자체다. 그 과정을 디자인하는 것이 체험 디자인이지 '재밌다'는 결과를 직접 만들어내는 것은 아니다. 게임 디자이너라면 누구나 재밌는 게임을 만들고 싶어 한다. 하지만 어디까지나 '재밌다'는 것은 결과이지 과정이 아니다. 그래서 디자이너는 '어떤 과정이 결과적으로 재밌다고 평가될지'를 고려해야 한다.

한 가지 예를 들어보자. 여기에 별 볼 일 없고 하찮은 돌멩이 하나가 있다. 이 돌멩이를 재밌는 것으로 만들어보자. 아무리 발버둥 쳐도 한낱 돌멩이 따위는 재밌는 것이 될 수 없다. 그럼 어떻게 해야 돌멩이를 재밌는 것으로 만들 수 있을까? 돌멩이 자체만 생각해서는 해결되지 않을 것 같다. 그렇다면 이런 방법은 어떤가?

1. 길게 쭉 뻗은 길 한가운데에 돌멩이를 둔다. 지나가던 사람은 그것을 무심코 차버리고 싶어질 것이다.
2. 공포영화를 보고 있는 사람 옆에 떨어뜨린다. 분명 놀랄 것이다. 너무 어처구니가 없어서 웃음이 나올지도 모른다.
3. 감금된 사람의 주머니에 숨긴다. '왜 여기 돌이 있지?', '이 돌을 이용해서 도망갈 수는 없을까?' 한낱 돌멩이를 앞에 두고 그는 진지하게 고민할 것이다.

이해되었는가? 중요한 것은 돌멩이 그 자체가 아니라 돌멩이와 플레이어가 스치는 '문맥'이다. 플레이어는 어떤 문맥에서 돌멩이와 맞닿았는가, 그것이 체험의 가치를 낳는다. '마음의 문맥'이라 할 만한 것을 파악하는 것에서부터 체험 디자인의 응용을 시작하고자 한다. 시시한 체험, 순조롭지 못한 체험을 관찰하고 체험의 가치를 끌어내리는 마음의 문맥을 찾은 후, 체험을 디자인하려고 한다. 이런 흐름을 기억하고 실천편을 읽어주기 바란다.

생각하는 알: 기획

아무리 생각해도 좋은 아이디어가 떠오르지 않는 경우가 있다. 기획 천재라면 아무리 아이디어가 나오지 않는 괴로운 시간이 계속되어도 끝없이 생각을 이어나갈 수 있을지도 모른다. 하지만 평범한 우리는 생각하는 괴로움을 견디지 못하고 어느덧 생각하는 일에서 도망치고 만다. 그렇게 도망만 가는 우리는 형편없는 인간일까? 아니, 그렇지 않다. 이런 경우는 틀림없이 '기획의 사고방식'이 잘못된 것이다. '끝없이 생각을 계속한다'는 접근 방식 자체가 잘못됐다. 여기서 체험 디자인을 활용해보자. 기획을 고민하는 체험 자체를 디자인하여 즐겁고 풍부한 체험으로 다시 만들어보자. 시작은 '끝없이 생각을 계속한다'는 접근 방식을 선택하여 괴로워하는 사람의 마음속을 들여다보고 관찰하는 것이다. 틀림없이 이렇게 너덜너덜할 것이다.

'아이디어가 안 나와서 불안해.'
'언제 아이디어가 나올지 짐작조차 할 수 없어서 불안해.'
'쓸 만한 아이디어가 나올는지 그조차도 알 수 없어서 불안해.'

부록: 실천편

놀랍게도 그 안에는 불안감만이 가득하다. 아이디어가 나오기를 무작정 기다리는 접근 방식은 너무나 무모해서 불안감만 초래할 뿐이다. 그 결과, 생각하는 것 자체에 지치거나 질리게 된다. 나도 모르게 생각하는 일에서 도망치는 것도 어쩌면 당연하다. 여기서 책이 제시한 3가지 체험 디자인을 떠올려보기 바란다. 3가지 중 하나를 활용하면 된다. 다음의 지표를 추천한다.

1. 이해하기 어려운 것이 문제라면 '직감 디자인'을 활용한다.
2. 피로와 싫증이 문제라면 '놀람 디자인'을 활용한다.
3. 보람 없는 것이 문제라면 '이야기 디자인'을 활용한다.

'기획'이라는 체험의 가장 큰 문제는 무모한 접근 방식이 불안감을 초래하고 피로와 싫증을 유발한다는 점이다. 따라서 가장 먼저 활용할 체험 디자인은 '놀람 디자인'이다. 앞에서 사람들이 가진 공통된 확신을 이용하여 놀라움을 만드는 방법에 대해 다루었다. 전제를 뒤집거나 일상을 비일상으로 전환하여 놀라움을 만드는 것인데, 특히 '터부의 모티프'를 활용하는 것이 유용하다. 여기서는 10가지 터부의 모티프 중 '사적인 모티프'를 이용한 다음과 같은 접근 방식을 제안한다.

모두에게 비밀로 하고 있는 것을 생각하라

고객의 마음을 사로잡고 싶고, 상사가 자신을 알아봐 주었으면 할 때 당신은 항상 당신 이외의 누군가를 생각하게 된다. 다시 말해, 기획을 고민하면 할수록 자기 자신을 생각하기가 어려워지는 것이다. 이런 상태에서는 사적인 모티프에 대해 떠오르는 일이 적어져서 놀라움이 사라지고, 결국에는 기획을 생각하는 것 자체에 지치고 질리게 된다. 때문에 만약 당신이 기획을 해야 한다면 타인에 대해 생각하는 것을 멈췄으면 한다. 대신 당신 개인의 사적인 부분을 생각해보길 바란다. 사적인 부분이 드러나면 드러날수록 당신 자신을 놀라게 하고 흥분하게 만들 수 있을 것이다.

'타인에게는 말할 수 없다'고 여겨지는 사적인 부분을 생각한 다음 숨소리가 거칠어졌다면 성공이다. 당신은 이제 끝없이 생각을 이어나갈 수 있을 것이다. 생각하는 동안에도 섣불리 결론 내기 위해 서두르지 말고 자신이 흥분할 수 있는 것, 공감할 수 있는 것, 확신할 수 있는 것을 단편적으로 모아 나가는 것이 요령이다.

생각한 것이 쓸모가 있을지 없을지는 생각하지 않길 바란다. 이 시점에서 중요한 것은 자기 자신을 놀라게 하여 피로와 싫증을 떨치고 생각을 계속하는 것이므로. 순조롭게 기획에 대한 생각을 이어가는 것에 성공하면 수많은 사고의 단편이 쌓여

갈 것이다. 그것들을 메모장이나 포스트잇에 기록해두고 보면 제법 당신다운 사고의 단편이 나열되어 있을 것이다. 이러한 사고의 단편을 눈으로 확인하게 되면 틀림없이 당신은 직감할 것이다. 당신의 흥미와 관심이 쏠리는 어떤 분야가 있다는 것을 말이다.

소중한 것을 발견하라

이제 평소 막대한 수고를 들이면서까지 숨겨왔던 사적인 부분, 예를 들어 당신의 이상, 근원적인 가치관, 소중하지만 포기해버린 것, 목숨과 바꿔서라도 지키고 싶은 것, 선악의 기준 등 인생에서 가장 중요한 것들을 사고의 단편 속에서 찾아보자. '나에게 소중한 것이 이거였구나'라고 직감하는 체험이야말로 디자인하고 싶은 체험이다.

말하자면 사고의 단편은 직감의 근원이다. 깨닫거나, 생각이 떠오르거나, 확신하거나 하는 체험을 연속할 수만 있다면 기획을 고민하는 체험은 마치 게임을 하듯이 즐거워지고, 멈출 수 없는 것으로 변화할 것이다. 이쯤 되면 '기획'이라는 체험은 '나 자신의 인생과 직접 관련된 것, 자신의 것'이다. 뇌 속 무의식이 '이것은 소중한 일이다. 기획을 고민함으로써 나는 행복해진다'는 판단을 내렸다는 증거다. 반대로, '자신의 것'이라고 생각하는 소중한 것을 잃게 될 위기가 찾아오면 틀림없이 무의식은 더

욱 격렬하게 흥분하기 시작할 것이다. 여기서 마지막 접근 방식
이다.

중요한 것을 잃고 위기에 빠지는 이야기를 그려라

그것은 기획이라는 체험을 더 강력하게 구동하기 위해 당
신이 소중하게 여기는 것을 잃게 되는 이야기를 그리는 것이다.
스스로가 소중한 것을 되찾기 위한 기획을 고민하는 문맥을 만
드는 것이다. 당신의 인생이 위기에서 구해지는 문맥을 만듦으
로써 기획을 고민하는 것과 스스로의 행복을 등가로 만들자. 그
만큼 의의가 있는 것이라면 분명히 당신의 뇌는 진지하게 기획
에 대한 생각을 계속할 수 있을 것이다. 원하던 기획도 눈앞에
다가와 있을지 모른다.

어떤가? 기획을 고민하는 체험 자체를 디자인하여 스스로
를 움직이는 체험 디자인의 접근 방식을 실감할 수 있었는가?
괜찮다면 당신 스스로 실험해보길 바란다. 당신이 잃게 될까 봐
두려운 것은 무엇인가?

문제	아무리 생각해도 좋은 아이디어가 떠오르지 않는다!

1. 모두에게 비밀로 하고 있는 것을 생각하라
2. 소중한 것을 발견하라
3. 중요한 것을 잃고 위기에 빠지는 이야기를 그려라

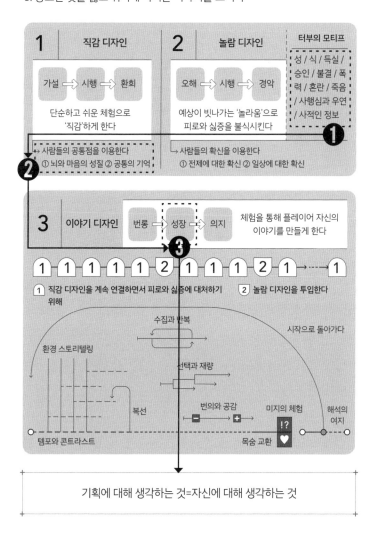

기획에 대해 생각하는 것=자신에 대해 생각하는 것

의논하는 일: 퍼실리테이션

혼자서 기획을 하고 나면 다음으로 팀 논의가 기다리고 있다. 다음 주제는 의논하는 일, '퍼실리테이션facilitation'이다.

모두 의논을 통해 기획을 갈고 닦아 팀의 의사를 통일해야 하는 상황이 얼마나 어려운 것인지 한 번쯤은 경험해봤을 것이다. 이럴 때 일반적으로는 논의를 이끄는 퍼실리테이션 능력이 필요하다. 퍼실리테이션은 팀원이 논의에 편하게 참여하도록 지원하고, 질문 등으로 의견을 끌어내 분위기를 고조시키고, 논의를 정리하여 최종적으로는 팀을 상호 이해와 합의 형성으로 이끄는 능력을 말한다.

그렇다면 이런 능력은 어떻게 배울 수 있을까? 퍼실리테이션 능력이 없는 사람은 논의를 하면 안 되는 것일까? 나는 그렇게 생각하지 않는다. 그래서 여기서는 퍼실리테이션 능력을 갈고닦는다는 사고방식을 버리고 이야기해보려 한다. 대신 퍼실리테이션이라는 체험을 디자인하여 풍성한 논의를 실현하고자 한다.

먼저 몇 명의 팀원이 회의실에 틀어박혀 진행 중인 기획 회의가 진전되지 않는 상황을 상상해보자. 아무도 발언하지 않은

채 머리만 싸매고 있는 답답한 분위기 속에서 한시라도 빨리 도망치고 싶은 심정이다. 불안, 피로, 싫증. 가장 먼저 '놀람 디자인'을 응용해야 함을 알 수 있다.

그런데 왜 모두 침묵하고 있는가? 대부분의 경우, 발언이 힘든 이유는 괜찮은 아이디어가 없기 때문이다. '괜찮은 아이디어를 말해야 한다'는 확신이 문제의 핵심이다. 확신이야말로 놀람 디자인에서 필수가 되는 것, 즉 에너지를 만드는 근원이므로 이용하지 않을 이유가 없다. 그래서 다음과 같은 접근 방식을 취해보려고 한다.

'괜찮은 기획'이 아니라 '시원찮은 기획'에 대해 말하라

가라앉은 분위기에서 기획에 대한 논의를 계속하다 보면 자연스럽게 '성능이 좋다', '싸다', '잘 팔리겠다' 등 보수적이고 창조성이 결여된 얘기만이 쏟아진다. 이런 당연한 얘기는 굳이 팀에서 논의할 만한 것이 아니다. 지루한 논의의 원흉인 '진취적이고 건설적인 내용을 말해야 한다'는 암묵적 룰을 깨뜨림으로써 논의에 자유를 되찾아 주고 싶다. 팀 논의에서 필요한 것은 팀을 제약하는 족쇄를 끊어 팀이 자유롭게 이야기하는 분위기를 만들어내는 일이다. 본인이 괜찮은 의견을 내서 우위에 서려는 퍼실리테이터는 이류다.

자유로운 분위기에서 논의를 진행할 수 있을 때 팀은 마침내 자신들의 색을 발견하고, 팀으로서 개성을 깨닫기 시작할 것이다. 이 흐름은 앞서 '기획'에서의 논의와 동일하다. 계속 기획을 고민할 수 있었기 때문에 비로소 직감 디자인을 만들어내기 위한 소재가 갖추어졌다.

팀의 자기인식을 '우리다운 것'이라고 말하라

간단하게 말하면 '팀다움'을 팀 전체가 공유하는 것이다. 예를 들어, 이런 발언이 필요하다.

'이 팀에는 ○○한 팀원들만 있군.'
'이 포스트잇에 적힌 내용은 이 팀을 상징하는 느낌이야.'
'우리 팀에 이름을 붙인다면 ○○이라는 말을 빼놓을 수 없을 것 같아.'

팀다움을 기준으로 설정하여 '우리답다!'라며 공감할 수 있는 발언을 늘려가는 것이 목적이다. '무슨 말을 해야 공감해줄지 모르겠어, 무슨 말을 해야 할까?'라며 두려워하는 상태에서는 논의가 활발해질 수 없다. 반대로, '이런 말을 하면 좋아할 거야!'라는 가설을 안고 발언하여 가설이 적중하면 논의는 활발해진다. '가설→시행→환희'라는 직감 디자인을 현장에 적용하는 것이다.

물론 이렇게 되면 자기들끼리만 통하는 '닫힌 논의'가 되지는 않을까 염려스러울 것이다. 그럴 수도 있지만 이렇게도 반론할 수 있다. 내부 사람들끼리도 논의가 어려운 상태에서 어떻게 논의를 고조시키고 진정으로 창조적인 발언을 끌어낼 수 있을까?

물론, 괜찮은 아이디어를 말해야 한다는 확신을 빗나가게 하는 것도, 우리다움을 인식하게 하는 것도 직접적으로 좋은 아이디어를 만들어내는 효율적인 접근 방식은 아닐지 모른다. 그러나 이러한 효율성을 버리는 것이 팀을 유연하게 하고 활발하게 하여, 조금 돌아가더라도 결국에는 창조적인 발언을 만들어 낼 것이다.

다시 상황으로 돌아가 보자. 팀은 여전히 자신들의 공통점만 파고들고 있다. 의논해야 할 핵심은 아직 파고들지 못한 것이다. 화이트보드에도, 포스트잇에도, 메모지에도 그다지 테마와 관련이 없을 것 같은 내용만 나열되어 있다. 하지만 걱정할 필요는 없다. 의논해야 하는 주제와 관련된 매우 중요한 내용이 그 안에 포함되어 있었음을 나중에 깨닫게 될 수도 있기 때문이다. 우리는 이렇게 이야기 디자인 1단계 '번롱'에 포함되는 '복선'의 수법을 응용한 접근 방식을 이용할 수 있다.

과거의 발언을 되짚어보라

팀원이 말한 의견, 심지어 한번은 그냥 지나친 주장에서 의의를 끌어내고 이를 복선으로 성립시키는 이야기를 실현하기 위한 퍼실리테이션 방법도 있다. 이 접근 방식에는 또 한 가지 아주 중요한 의미가 있다. 팀원이 과거에 말했던 의견에서 중요성을 끌어냄으로써 그 팀원을 영웅으로 만들 수 있다는 것이다. 말할 필요도 없이 퍼실리테이터에게 중요한 것은 본인이 영웅이 되는 것이 아니라 팀원을 영웅으로 만드는 것이다. 모든 팀원이 자유롭게 논의하고, 팀의 정체성 아래 모여 서로를 영웅으로 만들며 난국을 돌파해나가는 것이 중요하다. 이렇게 강렬한 의의가 본래 의논하는 일, 퍼실리테이션이라는 체험에 포함되어 있다. 그 의의를 형상화하기 위해 체험 디자인은 매우 효과적이다.

1. '괜찮은 기획'이 아니라 '시원찮은 기획'에 대해 말하라
2. 팀의 자기인식을 '우리다운 것'이라고 말하라
3. 과거의 발언을 되짚어보라

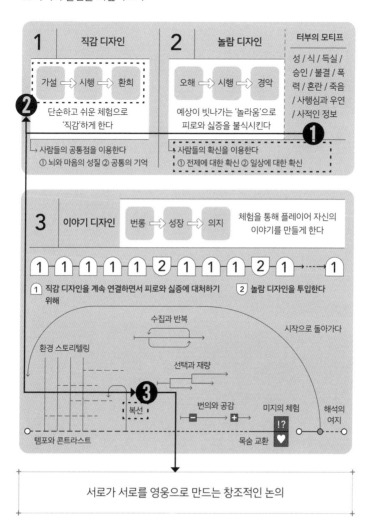

전달하는 알: 프레젠테이션

팀에서 기획을 정리하고 나면 이제 부서와 회사 전체를 대상으로 하는 프레젠테이션이 기다리고 있다. 결론부터 말하자면 프레젠테이션은 체험 디자인의 응용 대상으로 안성맞춤이다. 왜냐하면 청중은 발표자가 제공하는 체험을 온몸으로 받아들일 수밖에 없는 상황에 있기 때문이다. 체험 디자인이 진가를 발휘하는 순간이다. 그런데 애석하게도 세상에는 지루한 프레젠테이션이 끊이질 않는다. 프레젠테이션을 듣는 동안 한 번이라도 흥미를 잃었다면 이미 늦은 것이다. 반대로 발표자의 입장에서 프레젠테이션 도중에 청중이 한눈을 팔거나 졸기라도 한다면 엄청난 충격일 것이다. 포인트는 어떻게 하면 프레젠테이션 중에 청중의 집중력이 끊기지 않도록 할 것인가다. 그렇다면 이렇게 생각해보자. 프레젠테이션 중에 가장 집중력이 떨어지는 타이밍은 언제일까? 아무리 알찬 내용의 프레젠테이션이라도 지루한 프레젠테이션은 지루할 수밖에 없다. 정리하자면 내용이 문제가 아니다. 3장에서 소개한 이야기론을 인용하면 중요한 것은 이야기 내용(무엇을 말할까)이 아니라 이야기 언설(어떻게 말할까)이다.

여기서 직감 디자인을 떠올려보기 바란다. '오른쪽으로 갈까?'라는 가설을 세우게 할 수 있으면 그 가설을 확인하기까지 플레이어의 흥미를 끌 수 있다. 즉, 프레젠테이션에서 집중력이 떨어지는 것은 '이야기의 흐름을 예상할 수 없어졌을 때'이다. 그럼 다시 질문이다. 과연 프레젠테이션에서 앞을 내다볼 수 없게 되는 타이밍은 언제일까? 다음은 이러한 생각에서 비롯되는 접근 방식이다.

다음 내용을 예고하라

이야기의 흐름이 툭 끊어지는 슬라이드와 슬라이드 사이는 청중의 집중력이 떨어지는 최대의 난관이다. 어떻게 슬라이드 사이의 문맥을 이어야 할까? 좀 더 구체적으로 어떻게 '다음 슬라이드를 예고할 것인가'를 고려해야 한다. 다음 슬라이드를 예고하는 방법에는 다음과 같은 것이 있다. 참고로 다음에 제시하는 방법들은 (이미 눈치챘을 수도 있지만) 이 책에서 내내 실제로 이용한 것들이다. 이상한 서술 방식의 책이라고 느꼈다면 유감이다.

- 질문을 던진다.
- 이야기를 일부러 의미심장하게 도중에 끊는다.
- 이야기를 마치고 마무리에 들어간다고 알린다.

그리고 또 한 가지 가장 손쉬운 예고 수단으로 '접속사'가 있다. 다음 페이지에 정리한 접속사 일람을 참고하면서 이야기를 진행해보자. 여러 가지 접속사가 있지만 한 개를 제외하고는 모두 다음 페이지의 내용을 예고해줄 수 있다. 예를 들어…

어떤가. 여러분은 '예를 들어'라는 접속사가 눈에 들어온 순간 무의식적으로 '다음에는 구체적인 예시가 나오겠구나'라고 예상했을 것이다. 이것은 페이지를 넘기기 전, 다음 페이지와의 문맥을 나타내는 접속사다. 접속사를 제시한 뒤에 슬라이드를 넘겨보자. 이렇게만 해도 단숨에 청중을 끌어당기는 힘이 세질 것이다. 그러나 딱 하나, 청중이 미래를 상상하는 힘을 갖지 못하는 접속사가 있다는 점에 주의하길 바란다. 그 접속사는 바로 '다음으로(서열)'이다. 다음으로…

어떤가. '다음으로'라는 접속사는 역시나 청중이 다음에 나올 내용을 상상하지 못하게 한다. '다음으로'를 봉인하기만 해도 프레젠테이션은 훨씬 몰입감 있게 만들어질 것이다. 예상하게 하고 적중하게 하여 청중의 흥미를 지속시킨다. 1장에서 살펴본 직감 디자인 바로 그 자체다. 그러나 2장에서 살펴본 바와 같이 직감 디자인의 반복은 결국 피로와 싫증을 초래한다. 그래서 동원하려는 것이 놀람 디자인이다. 일부러 예상을 벗어나 청중의 주의를 끌려면 다음과 같은 접근 방식이 효과적이다.

정기적으로 터부의 모티프를 삽입하거나 침묵하라

발표자는 청중들이 프레젠테이션 내용을 끝까지 듣도록 해야 하는 절대적 책임이 있다. 그러기 위해서 해결해야 할 과제 중 하나가 청중의 주의를 끄는 것이다. 여기서는 프로 의식을 갖고 '터부의 모티프'를 삽입해보기 바란다. 열심히 프레젠테이션을 들으려는 청중을 돕는다고 생각하고 다음의 모티프를 이야기 곳곳에 의식적으로 삽입해보자.

> 성 / 식 / 득실 / 승인 / 불결 / 폭력 / 혼란 / 죽음
> / 사행심과 우연 / 사적인 정보

특히 침묵이 효과적이다. 프레젠테이션의 대전제인 '발표자는 이야기하는 사람'이라는 확신을 뒤집어서 단번에 주목을 끌 수 있다.

논리	순접	그러니까(귀결) 그래서(대응) 그러자(추이) 그렇다면(가정)
	역접	그러나(저어) 그럼에도 불구하고(저항) 그렇다고 하더라도(제한)
정리	병렬	또한(첨가) 더욱(누가) 동시에(공존)
	대비	…에 대해(대립) 한편(타면) 반면(반대) 또는(선택)
	열거	첫째로(번호) 처음으로(순서) 다음으로(서열)
이해	환언	즉(가공) 오히려(대체)
	예시	예를 들어(거열) 사실은(예증) 특히(특립)
	보족	왜냐하면(이유) 또한(부가)
전개	전환	그런데(이행) 그럼(본제) 애초에(회귀)
	결론	이와 같이(귀결) 그러므로(종결) 어쨌든(불변) 여하튼(무효)

접속사 분류[●]

그러나 느닷없이 '터부의 모티프를 넣어라', '침묵하라'고 하면 좀처럼 내키지 않는 사람도 있을 것이다. 이런 사람은 터부의 모티프나 체험 디자인의 기본 구조를 의식하면서 유명한 프레젠터의 프레젠테이션을 찾아보기 바란다. 틀림없이 발표자의 의도를 파악하기 쉬울 뿐만 아니라 따라 해볼 만하겠다는 생각

● 《'접속사'의 기술》(이시구로 케이, 2016)에서 발췌한 내용이다.

이 들 것이다.

예상을 적중시키고 때로는 빗나가게도 하며 어떻게든 프레젠테이션의 막바지로 청중을 이끌었다면 이제 거의 다 왔다. 여기서 결정타로 마지막 체험 디자인을 적용하고자 한다. 프레젠테이션이라는 체험을 통과함으로써 성장한 청중들에게 그들의 성장을 알려주는 체험 디자인이다.

도입부 슬라이드를 다시 보여줘라

자신들의 성장을 청중들이 실감할 수 있게 해주고 싶은 것이다. 주요 주장, 질문, 전체 요약 등을 도입부에 제시하고, 프레젠테이션을 통해 내용을 이해하게 한 후 다시 도입부를 제시하면 된다. 청중들은 이야기의 앞을 내다볼 수 있어 피로와 싫증을 느끼지 않으며 끝까지 들을 수 있고, 결국은 성장했음을 실감할 수 있다. 이로써 프레젠테이션이 체험 디자인의 활용 대상으로 안성맞춤이라는 것을 조금이라도 이해했다면 더할 나위 없겠다.

문제	청중들의 집중력이 떨어진다!

1. 다음 내용을 예고하라
2. 정기적으로 터부의 모티프를 삽입하거나 침묵하라
3. 도입부 슬라이드를 다시 보여줘라

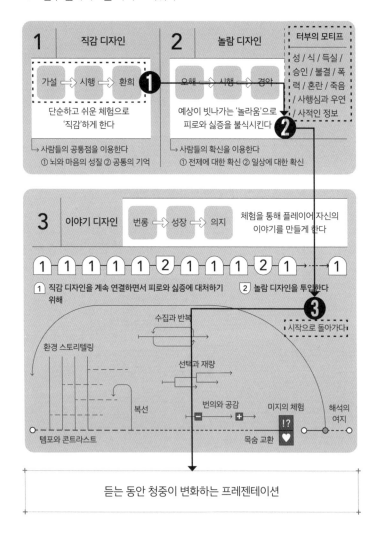

듣는 동안 청중이 변화하는 프레젠테이션

설계하는 앎: 프로덕트 디자인

무사히 프레젠테이션까지 성공했다면 지금부터가 실전, 프로덕트 디자인이다. 상대는 전 세계에 흩어져 있는 수많은 일반 플레이어들이다. 그러니 다양한 플레이어들이 사용할 수 있는 프로덕트를 실현하기 위해서라도 체험 디자인을 구사하도록 하자.

1장에서 다뤘던 슈퍼 마리오의 도입부 화면 디자인에 대해 다시 떠올려보자. 플레이어에게 룰을 전달하는 정교한 디자인에 대해 다루었는데 그때 다음과 같이 느꼈다면 아주 예리한 사람일 것이다. '이건 처음 플레이했을 때밖에 효과가 없겠네?'

슈퍼 마리오의 도입부 디자인은 틀림없이 '오른쪽으로 간다'는 룰을 전달하는 데 성공했다. 프로덕트를 처음 사용하는 플레이어를 위한 디자인이라고 말할 수 있다. 하지만 이미 오른쪽으로 가야 한다는 것을 알고 있는 두 번째 플레이 이후의 플레이어에게 이제 이 디자인은 효과가 없다.

여기서 질문이다. 어떤 프로덕트를 처음으로 사용하는 플레이어와 두 번째 이상 사용하는 플레이어, 중요한 쪽은 어느 쪽일까? 나의 결론은 이렇다.

처음으로 사용하는 플레이어를 우선하여 단순하고 쉽게 디자인하라

앞에서도 살펴봤듯이 우리는 초두효과로 인해 일련의 체험 도입부가 되는 시점에 학습 능력이 최대치가 된다. 다시 말해, 처음으로 사용했을 때 정보 전달의 효율이 가장 높아지는 것이다. 애초에 플레이어가 첫 번째 사용을 제대로 하지 못하면 두 번째는 없다. 게다가 두 번째 사용할 때 첫 번째 사용할 때 배웠던 것들을 잊어버리는 플레이어도 틀림없이 존재한다. 언제나 디자이너가 의식해야 할 것은 프로덕트에 익숙하지 않고, 별달리 열정도 없는 일반적인 플레이어들이다.

물론 개발자에겐 프로덕트에 대한 애착이 있기 마련이다. 그러나 애착이 강해지면 프로덕트를 깊이 이해하고 사랑하는 플레이어를 위한 게임을 설계해 버리기 때문에 결과적으로는 일반 플레이어들을 방치하게 된다. 이렇게 되면 많은 사람이 프로덕트를 사용하지 못한다. '어떻게 하면 프로덕트를 단순하고 쉽게 유지하여 처음 사용하는 플레이어도 직감적으로 사용하게끔 할 수 있을까?' 늘 머릿속에 새겨둬야 할 지표다.

개발자가 무심결에 빠지기 쉬운 또 한 가지 심리가 있다. 프로덕트에 대한 애착이 지나쳐서 플레이어가 이 프로덕트를 영원히 사용해주길 바라는 심리다. 이렇게 되면 결국 복잡한 기능이나 과도한 연출을 넘치도록 담게 되는데, 그 결과 완성되는 것은 어수선하고 복잡해서 손이 가지 않을 뿐만 아니라 가까이 두고 싶지도 않은, 개발자의 에고이즘만이 가득 담긴 프로덕트다. 플레이어에게 중요한 것은 프로덕트가 아니라 자신의 인생이다. 프로덕트는 어디까지나 조연이어야 한다.

한편, 앞선 2장에서는 체험으로부터 피로와 싫증을 덜어내어 오랜 체험을 실현하는 놀람 디자인에 대해 다루었다. 게임에 빠질 수 있도록 체험에 몰입시키기 위한 기초로 활용할 수 있는 내용이다. 그러나 '플레이어의 인생을 방해하지 않는다'는 맥락에서는 놀람 디자인이 오히려 문제가 될 수도 있다. 플레이어의 긴 시간을 빼앗아 삶의 질을 떨어뜨려서는 안 된다. 여기서 필요한 것이 놀람 디자인의 원리와 효과를 이해한 후에 일부러 체험을 멈추게 하는 체험 디자인이다.

플레이어를 프로덕트에서 떼어내라

바쁜 일상에서 게임을 장시간 한다는 것 자체가 애당초 무리한 일이 되면서 반대로 빈 시간을 활용하여 충분히 만족에 이르게 하는 체험이 필요해졌다. 그렇기 때문에 특히 스마트폰 애플리케이션이나 게임, 서비스 설계 분야에서 체험을 멈추게 하는 디자인이 필요해졌다.

그렇다고 '기술이 발달했으니까 프로덕트에서 플레이어를 떼어내는 체험 디자인이 필요하다'고 주장하는 것은 절대 아니다. 오히려 그 반대다. 기술과 상관없이 어떤 시대의 콘텐츠라도 '플레이어가 체험을 멈추도록 하는 디자인'은 반드시 필요하다. 예를 들어, 고전 애니메이션에서는 긴장을 풀어주는 테마곡이 흐르고 석양이 비추는 둑을 걸어 돌아가는 잔잔한 엔딩이 많다. 그 이유는 무엇일까?

답은 '이 체험이 끝났다'는 것을 알리려는 것이다. 애니메이션을 열중해서 보고 있던 아이들은 애니메이션을 보는 체험 자체를 계속하고 싶어 하기 마련이다. 이 아이들이 기분 좋게 시청을 끝마칠 수 있도록 체험의 마지막을 디자인한 것이다. 좀 더 구체적으로는 플레이어가 체험을 멈췄으면 하는 시점 전후로 놀람 디자인을 사용하지 않는 방법도 있다. 놀람 디자인을 사용하면 체험을 오래 지속할 수 있기 때문이다.

지금까지 플레이어가 '체험을 멈추게 하는 방법'을 살펴보았는데, 디자이너 입장에서는 플레이어가 다시 돌아오지 않을 것 같아 불안할 수도 있다. 하지만 그 불안은 디자이너의 에고이즘일 뿐이다. 프로덕트는 어디까지나 플레이어의 인생을 풍성하게 해주는 조연에 불과하므로 프로덕트를 사용하든 안 하든 그것은 모두 플레이어의 자유다. 대신 디자이너는 플레이어의 체험에 살며시 메시지를 보낼 수 있다. 근본적으로 플레이어가 자유로운 존재라는 사실만 인식하고 있다면 디자이너는 플레이어가 만족하도록 은밀하게 체험을 조종하는 계획을 꾸밀 자유를 가지고 있는 것이다. 그리고 마지막 접근 방식은 보다 직접적으로 플레이어의 자유를 디자인하는 것이다.

선택지를 제시하여 플레이어에 자유를 부여하라

슈퍼 마리오에는 게임 중간을 건너뛰는 '워프 존warp zone'이라는 기능이 있다. 한마디로 표현하면 '꾀부림'이다. 플레이어에게 꾀를 부릴지 말지 선택지를 주는 체험을 디자인한 것이다. 이 체험 디자인은 플레이어가 체험을 할 때마다 '지금의 나는 어느 쪽을 선택할까?'를 자문하게 하고, 무언가를 선택할 때마다 성장을 실감할 수 있도록 한다. 플레이어를 자유롭게 하기 때문에 선택지를 사용하면 할수록 플레이어는 성장했음을 느낄 수 있는 것이다. 이러한 자유가 프로덕트를 다시 플레이어의 손에 들려주는 힘이 된다. 플레이어는 언제 프로덕트를 사용하더라도 사용법을 직감적으로 알 수 있고, 언제든 멈춰도 되며, 꾀를 부리는 것마저 용납된다. 프로덕트 디자인이란 이를테면 플레이어의 자유를 디자인하는 것일지도 모르겠다.

문제	다양한 플레이어가 사용할 수 있는가?

1 처음으로 사용하는 플레이어를 우선하여 단순하고 쉽게 디자인하라
2 플레이어를 프로덕트에서 떼어내라
3 선택지를 제시하여 플레이어에 자유를 부여하라

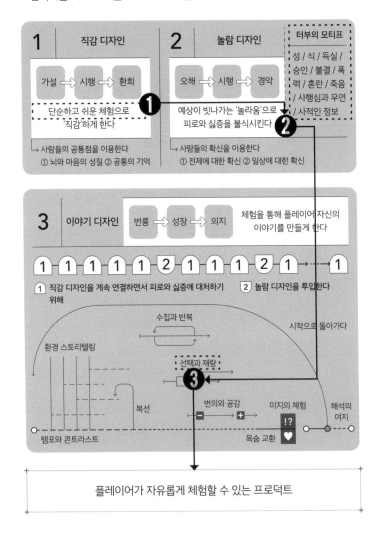

1 직감 디자인

가설 ⇒ 시행 ⇒ 환희

단순하고 쉬운 체험으로 '직감'하게 한다 ❶

↳ 사람들의 공통점을 이용한다
① 뇌와 마음의 성질 ② 공통의 기억

2 놀람 디자인

오해 ⇒ 시행 ⇒ 경악

예상이 빗나가는 '놀라움'으로 피로와 싫증을 불식시킨다 ❷

↳ 사람들의 확신을 이용한다
① 전제에 대한 확신 ② 일상에 대한 확신

터부의 모티프

성 / 식 / 득실 / 승인 / 불결 / 폭력 / 혼란 / 죽음 / 사행심과 우연 / 사적인 정보

3 이야기 디자인

번롱 ⇒ 성장 ⇒ 의지

체험을 통해 플레이어 자신의 이야기를 만들게 한다

1 1 1 1 1 2 1 1 1 1 2 1 → ---- 1

1 직감 디자인을 계속 연결하면서 피로와 싫증에 대처하기 위해
2 놀람 디자인을 투입한다

수집과 반복

시작으로 돌아가다

환경 스토리텔링

선택과 재량 ❸

복선

번의와 공감 [－] [＋]

미지의 체험 !? ♥

해석의 여지

템포와 콘트라스트

목숨 교환

플레이어가 자유롭게 체험할 수 있는 프로덕트

육성하는 일: 매니지먼트

기획을 고민하고, 의논하고, 프레젠테이션하고, 프로덕트를 디자인하는 것은 플레이어에게 풍성한 체험을 제공하기 위해서라지만 정말이지 만만치 않은 작업이다. 수많은 난관을 극복하려면 팀을 이끄는 사람에 의한 매니지먼트가 빠질 수 없다. 각각의 팀원이 성장하려면 매니저는 어떻게 해야 하는지, 이 책을 마무리하며 이 문제에 대해 생각해보기로 하자.

여기서는 조금 다른 관점에서 논의를 전개해보려 한다. 지금부터 하려는 얘기는 육아다. 나에게는 유치원에 다니는 2명의 아이가 있다. 눈에 넣어도 아프지 않다면 거짓말이겠지만 정말로 귀여운 아이들이다. 그러나 육아는 마음대로 되는 일이 아닐 뿐더러 아이들은 좀체 말을 듣지 않는다. 아이들은 방을 청소하지 않고, 이를 닦지도 않는다. 그리고 책을 읽어줘도 듣지 않는다. 아이니까 말을 안 듣는 것은 어쩔 수 없다지만, 여기서 포기할 수 없는 것이 체험 디자인을 직업으로 삼고 있는 자의 본성이다. 아이들에게는 악의가 없다. 내 자식이기 때문에 100% 믿을 수 있다. 그렇다면 잘못된 것은 내 명령이나 지시일 것이다.

'치워라', '양치해라', '이야기 들어라', 애초에 명령 하나로 아이를 움직이려고 한 생각 자체가 안이한 것이었다. 아이들이 스스로의 의지로 움직이려면 부모의 접근 방식을 고쳐야 하고, 거기에는 틀림없이 체험 디자인을 사용할 수 있을 것이다. 그리고 여러 가지 시행착오를 겪은 결과, 다음과 같은 방법을 통해 아이들이 솔선해서 움직이게 되었다.

- '이건 어디에 두면 돼?'라고 묻는다.
- 칫솔 자루 부분으로 이 닦는 모습을 보여준다.
- '몰랐네!'라고 감탄하면서 책을 읽는다.

구체적인 고유명사로 상기할 수 있는지 확인하라

논리는 이렇다. '치워'라는 말을 들은 아이들은 결코 나쁜 마음으로 '치우는 것이 귀찮다'고 생각하지 않는다. 어쩌면 조금은 그랬을지도 모르지만, 그렇게 생각했을 때는 다 이유가 있다. 어디에 정리하면 될지를 몰랐던 것이다.

그 증거로 아이들이 장난감 정리하는 모습을 관찰해봤더니 성인의 눈에는 어느 것이나 비슷하게 보이는 장난감도 '정리를 시작했을 때 가장 먼저 일정한 장소에 정리하는 장난감'과 '아무리 시간이 지나도 정리할 수 없는 장난감'으로 나뉜다는 것을 알 수 있었다.

중요한 것은 한 가지, 장난감 정리할 장소를 기억하는지 여부다. 예를 들어 '장보기 놀이 장난감은 방 입구 옆에 있는 나무 선반 두 번째 칸에 정리하면 부모님이 만족한다'는 식의 구체성이 있는지 여부가 포인트다. 물건을 정리할 수 없었던 것은 결코 의욕 부족 때문이 아니라 정리 장소가 기억나지 않았기 때문이다. 때문에 부모인 내가 해야 할 일은 정리할 장소를 묻는 것이었다. 만약 정리해야 할 장소를 알고 있다면 '나무 선반 두 번째 칸이야'라고 대답하면서 정리할 것이다. 그러나 아이가 장소를 기억하지 못한다면 '소꿉놀이에 사용하는 다른 장난감은 나무 선반에 치웠었지?'라고 힌트를 주면 된다.

실수를 체험하게 하라

다음으로, '양치해라'라는 말을 들은 아이들은 무엇을 하면 될지 알고 있고, 실제로 의욕이 있을 때는 알아서 닦기도 한다. 그러나 매일 똑같은 작업을 계속해야 하고 효과도 느껴지지 않으니 몹시 싫증이 난 상태다. 문제는 '효과를 느낄 수 없다'는 것과 '싫증이 난다'는 것. 이 문제를 해결하려면 잘못된 방법으로 이 닦는 모습을 보여줘 평소에 하던 양치질의 효과를 실감하게 할 필요가 있다고 생각했다.

여기서 시도한 접근 방식은 칫솔모가 없는 자루 부분으로 이 닦는 모습을 보여주는 것이었다. 아이들은 재밌어하며 자루 부분에 치약을 묻혔고, 입안에서 칫솔과 이가 부딪히는 소리를 내며 '틀렸잖아!'라며 한바탕 장난을 치고 나서야 제대로 이를 닦았다.

가르치는 쪽과 배우는 쪽이 함께 미지의 체험을 하라

마지막으로, 아이들에게 왜 책 읽는 것을 듣지 않는지에 대해 물은 적이 있다. 이때 아이들은 가슴이 철렁 내려앉는 답을 했었다.

'아빠가 저 책 내용을 알고 있어서 재미없어.'

너무나 날카로운 아이의 지적에 입이 다물어졌다. 아이는 알고 있었던 것이다. 내가 속으로 '이 책만 세 번째 읽는군…'이라고 생각했던 것을. 다시 말해, 아이는 내가 즐거워하는 것을 함께 즐거워해주었던 것이다. 그조차 깨닫지 못했던 것에 놀랐던 일이 아직도 씁쓸한 기억으로 남아 있다.

그날 이후로 나는 내가 읽어 본 적 없는 책이나 모르는 내용의 도감 등을 준비해서 '우와!', '재밌네!'라고 감탄하면서 책을 읽어주려 노력했다. 그 결과 아이들은 즐거워하며 이야기를 들어주게 되었고, 나 자신도 즐겁게 책을 읽을 수 있게 되었다. 덕분에 우리 가족은 매주 도서관에 다니는 처지가 되었지만 아이들이 즐거워하며 이야기를 들어준다면 이 정도는 어렵지 않다.

나는 부모로서 아이가 훌륭하고 올바르게 행동하는 '결과'

만을 원하고 있었다. 그러나 나는 부모로서 행동하는 동시에 부모로서의 행동을 배웠어야 했다. 아이는 아이대로, 부모는 부모대로 성장해야만 비로소 일련의 체험이 풍성해질 수 있다. 매니지먼트도 마찬가지다. 아이와 부모, 매니지먼트를 받는 쪽과 하는 쪽, 모두 각자 깨닫고, 놀라고, 의의를 찾으며 인생을 체험하는 주체라는 점은 영원히 달라지지 않는다.

문제	팀이 성장하려면 어떻게 해야 하는가?

1. 구체적인 고유명사로 상기할 수 있는지 확인하라
2. 실수를 체험하게 하라
3. 가르치는 쪽과 배우는 쪽이 함께 미지의 체험을 하라

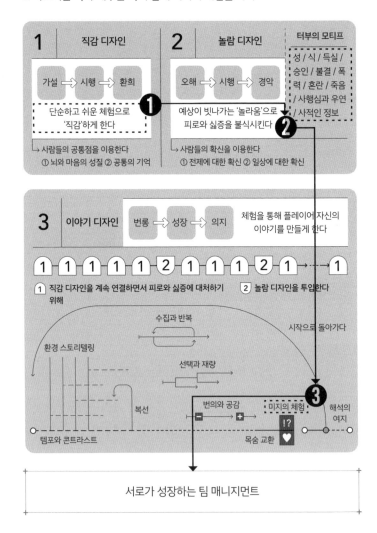

서로가 성장하는 팀 매니지먼트

이 책은 나와 편집자, 책 디자이너가 한 팀이 되어 체험 디자인의 개념을 응용해 만들었다. 만약 이 책을 다시 한번 읽을 일이 생긴다면(모두 기뻐할 것이다) '왜 이 책은 이렇게 디자인되어 있는가?'를 생각하며 읽어보자. 체험 디자인 자체에 대한 이해에 틀림없이 큰 도움이 될 것이다. 여기에 주목해서 보면 좋을 만한 몇 가지 포인트를 정리해두었다.

1. 직감 디자인

• 이 책은 오른쪽 페이지에 그림, 왼쪽 페이지에 텍스트를 배치하였다. 일반적인 책과 비교해 본문 텍스트의 양이 적은 편인데, 이러한 배치는 어떤 효과를 가져다주는가?

• 이 책은 페이지를 넘기는 시점에 다음 페이지에 어떤 내용이 나올지를 예상하게 만든다. 페이지를 완전히 넘기기 전에 당신의 뇌가 무엇을 예상했는지 떠올려보길 바란다.

• 이 책은 직감 체험의 동력원으로 '공통점을 생각하게 하는 디자인'을 많이 사용하고 있다. 같은 페이지 안에서 공통점을 찾아야 하는 경우도 있고, 떨어져 있는 여러 페이지에 공통점이

숨겨져 있는 경우도 있다. 본문과 그림의 공통점, 디자인의 공통점도 있다. '공통점'이라는 키워드를 떠올리면서 읽으면 새롭게 깨달을 수 있는 것들이 있을지도 모르겠다.

2. 놀람 디자인

• 이 책은 오른쪽에 그림, 왼쪽에 텍스트를 배치하는 기본적인 룰을 몇 차례 의도적으로 무너뜨린다. 어떤 의도로, 어떤 효과를 기대하고 기본적인 룰을 무너뜨렸는지 추측해보기 바란다.

• 이 책은 일부러 공격적인 주장을 하거나, 시시한 예를 들기도 하는 등 곳곳에 터부의 모티프가 새겨져 있다. 터부의 모티프가 등장하는 곳과 빈도를 생각하면서 읽으면 더욱 그 의미와 효과를 쉽게 실감할 수 있을 것이다.

• 이 책은 왜 '부비부비'라는 변화구의 주제를 택했을까? 놀람 디자인의 원동력이 되는 '확신'을 키워드로 해석해보기 바란다.

3. 이야기 디자인

• 이 책은 이야기 디자인에 포함되는 모티프를 많이 사용하는데, 특히 '복선'을 자주 사용한다. 복선은 찾아보는 것만으로도 재밌지만 '복선을 깨달았을 때의 기분'을 느껴보는 것이 가장

효과적이다.

- 이 책에는 당신이 읽는 체험을 통해 '나는 달라졌다, 성장했다'고 느낄 수 있는 디자인이 있다(당신이 성장을 느꼈다면 좋겠다). 어떤 디자인일까?

- 이 책에는 단 한 페이지도 의도되지 않은 페이지가 없다. 예를 들어, 이 좌우 양면 페이지의 디자인은 무엇을 의도한 걸까?

마지막으로 하나만 더 말하겠다. 솔직히 말해, 이 책을 꼭 다시 읽을 필요는 없다. 체험 디자인의 개념을 의식하는 것만으로도 충분하다. 좋아하는 콘텐츠를 보거나, 취미생활을 즐기거나, 일하거나… 모든 일상적 체험 속에 잠재되어 있던 '나도 모르게'를 발견하는 것만으로도 충분하다. 중요한 것은 당신 스스로의 체험이다.

✦ 감사의 말 ✦

이 책을 '체험'하며 여기까지 와준 독자 여러분에게 깊이 감사하다! 이 책에 담은 내용은 게임에 구현된 체험 디자인에 관한 지혜의 극히 일부에 지나지 않는다. 나머지는 부디 스스로 게임을 플레이해보면서 자신이 무엇을 재밌게 느끼는지, 어떤 체험이 그렇게 느껴지는지를 관찰하고 느끼며 발견하길 바란다.

집필 작업을 격려해준 요시자와 야스히로, 야마구치 다카히로, 하시모토 사키코, 사쿠라이 아키라, 가가와 아쓰시, 다카하시 다쿠미, 모리 요시마사, 모리 하나코, 이시무라 나오야, 사카니시 스구루에게 감사하다. 더불어 나에게 '체험 디자인'이라는 개념의 기초를 가르쳐준 닌텐도주식회사의 모든 사람들에게 감사하다. 특히 닌텐도주식회사의 전 기술 펠로우 다케다 겐요와 전 대표이사 이와타 사토루에게는 아무리 감사를 전해도 부족하다. 그들이 놀이를 통해 인간을 바라보는 눈부신 시선을 나는 지금도 기억한다.

게임의 체험 디자인을 비즈니스에 응용한다는 독특한 주제를 받아 준 다이아몬드사의 와다 치카코에게도 감사하다. 최초의 독자인 아내와 최초의 실험대가 되어준 두 딸에게도 특별히 감사의 마음을 전한다.

처음 이 책의 분량은 지금의 6배에 이르렀다. 울며 겨자 먹기로 삭제한 내용들과 참고할 만한 정보들은 필자의 홈페이지(가능하면 다음 책)를 통해 소개하고자 하니 기대해주길 바란다.

마지막으로 지금까지의 내 인생을 채색해준 모든 게임과 콘텐츠, 프로덕트를 디자인해준 모든 사람들에게 감사하다. 당신들이 나에게 준 추억이 나를 살아가게 한다.

다마키 신이치로

아 맞다, '코와 손가락' 해답 예시를 이곳에 적어둔다.

① 손가락을 넣을 수 있을 것 같다는 '어포던스'
② 코에 손가락을 넣는다는 '터부'
③ 코와 손가락이 놓인 상황을 무의식적으로 말하게 되는 '뇌의 본능'

✦ 참고도서 ✦

1장 직감 디자인

《누구를 위한 디자인인가?》(D.A.노먼 지음, 2015)
《신판 어포던스》(사사키 마사토 지음, 2015)
《생각에 관한 생각》(대니얼 카너먼 지음, 김영사, 2018)
《'앎'이란 무엇인가-인식의 뇌과학》(야마도리 아쓰시 지음, 2002)
《기호론으로의 초대》(이케가미 요시히코 지음, 1984)
《그래픽 학습심리학-행동과 인지》(야마우치 미쓰야, 하루키 유타카 지음, 2001)
《디자이너가 아닌 사람들을 위한 디자인북》(로빈 윌리엄스 지음, 라의눈, 2016)

2장 놀람 디자인

《감정이란 도대체 무엇인가 현대과학으로 풀어내는 감정 구조와 장애》(이누이 도시오 지음, 2018)
《사람은 왜 웃는가 유머가 존재하는 이유》(매튜 M. 할리 외 2명 지음, 2015)
《공포의 철학 호러로 인간을 읽다》(도다야마 가즈히사 지음, 2016)
《당신 인생의 과학》(데이비드 브룩스 지음, 2015)
《아이들의 우주》(가와이 하야오 지음, 학지사, 1997)
《패러다임의 마력》(조엘 바커 지음, 2014)

* 한국에서 출간된 도서는 한국판 제목과 출판사 정보를 적었다.

3장 이야기 디자인

《천의 얼굴을 가진 영웅 신역판》(조제프 캠벨 지음, 2015)
《Story: 시나리오 어떻게 쓸 것인가》(로버트 맥키 지음, 민음인, 2018)
《내러톨로지 입문》(하시모토 요스케 지음, 2014)
《미러 뉴런의 발견 '흉내 세포'가 밝히는 놀라운 뇌과학》(마르코 이아코보니 지음, 2011)
《놀이와 발달의 심리학》(J. 피아제 지음, 2013)
《놀이와 인간》(로제 카이와 지음, 문예출판사, 1994)
《호모 루덴스》(요한 하위징아 지음, 연암서가, 2018)
《게임하는 인류》(나카자와 신이치 외 2명 지음, 2018)
《3D 게임을 흥미롭게 하는 기술 실례로 풀어내는 게임 메카닉스·레벨 디자인·카메라 노하우》(오노 고우지 지음, 2014)
《하프리얼 허실 사이의 비디오 게임》(예스퍼 율 지음, 2016)
《플로 체험 기쁨의 현상학》(M. 칙센트 미하이 지음, 1996)
《입문·윤리학》(아카바야시 아키라, 고다마 사토시 편저, 2018)
《아이디어 만드는 방법》(제임스 W. 영 지음, 1988)

슈퍼 마리오 64(닌텐도, 1996)

기술의 진보로 평면적인 2D가 입체적인 3D로 이행하는 시점에서 가장 큰 문제는 플레이어에게 '깊이'를 직감하게 하는 것이었다. 평면적인 그림에 뛰어들면 입체적인 공간이 펼쳐지는 연출은 그런 문제를 해소하는 디자인의 좋은 예다. 3D 공간을 파악하기 위해 게임 내에 존재하는 '카메라'의 성질도 오프닝 애니메이션으로 훌륭하게 해결한다. 훌륭한 디자인을 일일이 셀 수 없을 정도의 걸작이다.

위 스포츠(닌텐도, 2006)

'가정용 게임기 중 가장 많이 팔린 게임'이라는 타이틀을 '슈퍼 마리오'에게서 빼앗은 작품으로, 그 디자인의 우수함은 소프트웨어뿐만 아니라 '위', 즉 하드웨어의 설계와 함께 다루어야 한다. 소프트웨어와 하드웨어를 총동원하여 가설을 세우게 할 뿐만 아니라 사후에 '가설이 옳았음을 전달하는' 직감 디자인에도 성공했다.

바이오하자드(캡콤, 1996)

지금은 세계적으로 가장 유명한 호러 게임 시리즈 중 하나가 된 이 시리즈의 첫 번째 작품은 놀라움과 공포를 깊이 고려한 디자인의 금자탑이다. 각각의 디자인은 물론 직감 디자인과 놀람 디자인의 섬세한 배치에도 주목해보길 바란다.

메탈 기어 시리즈(코나미, 1987~)

게임업계 최고의 트릭스타 하면 떠오르는 인물이 세계적으로 유명한 게임 디자이너 고지마 히데오다. 그의 대표작이자, 은밀한 행동을 취하면서 목표를 달성하는 '스텔스 게임' 장르를 확립하는 데 압도적 공적을 세운 명작이다. 게임의 틀을 초월하면서까지 플레이어의 예상을 계속해서 배신한다. 시리즈를 통해 게임이 제공할 수 있는 체험을 계속해서 확장하고 있다.

모모타로 전철 시리즈(코나미, 1988~)

일본 제일의 사장이 되기 위해 돈을 쟁탈하는 내용이다. 싸움으로 번질 것 같은 게임임에도 불구하고 무슨 이유에서인지 즐겁게 플레이하게 되는 이 게임의 디자인 포인트는 바로 '터부의 모티프'다. 우수한 체험 디자인으로 가득하다.

인사이드(플레이데드, 2016)

무언가 이상한 일이 일어나고 있는 세계에서 누군가로부터 도망치는 소년. 웃음과 공포, 그로테스크한 분위기, 수수께끼 풀이와 액션이 훌륭한 일련의 체험으로 디자인되어 있다. 여전히 게임에는 무한한 가능성이 있다는 깨달음을 업계 전체에 던진 충격적인 작품이다.

완다와 거상(소니 인터랙티브 엔터테인먼트, 2005)

세계적으로 압도적 지지를 받는 게임 디자이너 우에다 후미토의 작품이다. 공감하게 하는 힘의 크기가 출중하다. 게임이라는 미디어의 특성을 살리면서도 보편적 체험 디자인을 실현한 명작으로 앞으로도 회자될 것이다.

젤다의 전설 브레스 오브 더 와일드(닌텐도, 2017)

모든 플레이어를 길들이는 닌텐도다운 디자인과 플레이어를 방치하고 번롱하는 오픈월드 게임다운 디자인이 훌륭하게 융합되어 있는 걸작이다. 튜토리얼과 자발적 모험, 각각의 장면에서 플레이어 지도의 주변부를 어떻게 이동하는지 주목하면서 관찰·분석하는 것만으로도 그 치밀함에 놀랄 것이다. 또한 숙적 가논드로프는 세계의 중심에서 플레이어를 기다린다. 플레이어가 스스로의 의사로 세계의 중심에 발을 디딜 수 있도록 디자이너 또한 플레이어의 성장을 기다리는 것이다.

+ 저역자소개 +

다마키 신이치로玉樹真一郎

1977년생. 도쿄공업대학, 호쿠리쿠 첨단과학기술대학원 대학을 졸업했다. 프로그래머로 닌텐도에 입사 후 플래너로 전향, 전 세계에 1억 대가 팔린 게임 '위'의 기획담당자로, 가장 초기의 콘셉트 워크부터 하드웨어, 소프트웨어, 네트워크 서비스의 기획 및 개발에 이르기까지 모든 과정에 걸쳐 관여하여 '위의 전도사', '위의 프레젠테이션을 가장 많이 한 남자'로 불린다.

2010년, 닌텐도를 퇴사하고 같은 해, 고향인 아오모리현 하치노헤시로 돌아와 독립하여 '와카루사무소'를 설립하였다. 전국의 기업과 자치단체 등을 대상으로 콘셉트 입안, 효과적인 프레젠테이션 방법, 디자인 등을 주제로 세미나, 강연, 워크숍, 프레젠테이션 등을 연 60회 이상 진행하고 있다. 그 밖에도 컨설팅, 웹서비스 및 애플리케이션 개발, 인재육성 및 지역 활성화에도 힘쓰고 있다. 저서로는 《콘셉트 만드는 방법》(다이아몬드사)이 있다.

안선주

이화여자대학교 통번역대학원 한일통역과를 졸업했다. 방송, 영화, 금융 등 여러 분야에서 통역가이자 번역가로 활약했으며 현재는 엔터스코리아 일본어 번역가로 활동하고 있다.

탐닉의 설계자들

2021년 3월 3일 초판 1쇄 발행

지은이 다마키 신이치로 **옮긴이** 안선주
펴낸이 김상현, 최세현 **경영고문** 박시형

책임편집 백지윤 **디자인** 정아연
마케팅 이주형, 양근모, 권금숙, 양봉호, 임지윤, 조히라, 유미정, 전성택
디지털콘텐츠 김명래 **경영지원** 김현우, 문경국
해외기획 우정민, 배혜림 **국내기획** 박현조
펴낸곳 (주)쌤앤파커스 **출판신고** 2006년 9월 25일 제406-2006-000210호
주소 서울시 마포구 월드컵북로 396 누리꿈스퀘어 비즈니스타워 18층
전화 02-6712-9800 **팩스** 02-6712-9810 **이메일** info@smpk.kr

ⓒ 다마키 신이치로(저작권자와 맺은 특약에 따라 검인을 생략합니다)
ISBN 979-11-6534-311-8(03320)

쌤앤파커스(Sam&Parkers)는 독자 여러분의 책에 관한 아이디어와 원고 투고를 설레는 마음으로 기다리고
있습니다. 책으로 엮기를 원하는 아이디어가 있으신 분은 이메일 book@smpk.kr로 간단한 개요와 취지, 연락
처 등을 보내주세요. 머뭇거리지 말고 문을 두드리세요. 길이 열립니다.